ミクロ経済学

需要供給分析からの入門

上田 薫
Ueda Kaoru

［著］

日評ベーシック・シリーズ

日本評論社

はしがき

　この本はミクロ経済学の教科書としてはかなりスリムなものになっています。それは、ミクロ経済学の入門部分のうち、需要供給分析と呼ばれる理論の説明に特化した教科書であるからです。需要供給分析とは、右下がりの市場需要曲線と右上がりの市場供給曲線という二本の曲線を描いた図によって市場の取引と価格の決定を考える理論で、たいていの人はその図（第2章の図2-1）を中学校や高校の教科書などで見たことがあるでしょう。けれども、その図が誰にでも簡単に描けてしまうようなものであるため、おおもとにある理論の方は曖昧な話で済まされていることが多いようです。見たことがあるが中身まではよく知らないでいた経済学の理論について、詳しく学んでみたいという人に手ごろな厚さの入門書を提供するというのが、この本のとりあえずの目的と言えるでしょう。

　もう少し踏み込んだ話をすれば、ミクロ経済学の初級教科書が厚くなる理由の一つは、その核となる部分が出自の異なる二つの理論の合成物だからです。一つはいま述べた需要供給分析であり、もう一つは一般均衡分析と呼ばれるものです。どちらも個々の経済主体の行動から出発して市場経済の仕組みを考えていこうとするミクロ経済学の理論なのですが、前者は一つの商品の市場に注目して、そこでの調整の範囲と影響が時間とともにどのように広がっていくかという過程を解明することを主要な課題にしています。これに対して後者は、複数の商品の市場の間の関連に注目して、それらの間の調整が調和のとれた状態に落ち着く可能性や、そのような状態が有する特徴を明らかにすることを主要課題とします。どちらも市場の仕組みを理解するために重要なアプローチであり、両者に共通の基礎を提供できるような消費者行動及び生産者行動の理論の発展がこれらの一体化を可能にした結果、いわゆるミクロ経済学の基本的体系が成立したという経緯があります。

通常のミクロ経済学入門書は、こうした体系全体の概略を一冊の本の中で説明していく方式をとっています。「1冊で全体像がつかめる」教科書というわけですが、結果として多くのページ数を費やさねばならなくなります。その場合の二つの理論の位置づけについては、需要供給分析が「とりあえず一つの市場だけ考えてみた」という意味での部分均衡分析として説明され、一般均衡分析に至るためのステップとして扱われるのが普通です。こうした教科書には数々の名著が存在していますし、現在でも様々な改善と新しい発展を取り込んだ良書が出版されています。けれども、そのスタイルにいくつか不満がないわけではありません。

　まず、需要供給分析と一般均衡分析の双方の基礎づけを与えられる水準での消費者行動と生産者行動の理論の説明は、かなり長く面倒な記述を必要とします。ここを読了する前に力尽きる読者も少なくないでしょう。市場経済を分析する理論を知ってもらうのが目的なのに、市場取引が扱われる話まで連れて行けずに終わってしまうおそれがあるわけです。この点は改善の余地があるのではないでしょうか。もう一つ問題だと思われるのは、一般均衡分析の説明で必要になるという理由で、需要供給分析には不要な仮定が最初の方で設けられてしまい、後者が前者に至るためのただの中継点にされていることです。本来の問題意識の違いによって、二つのアプローチでは必要とされる簡単化の仮定も異なっているのに、需要供給分析が一般均衡分析に合わせて切り詰められた姿で教えられることになっているのです。私たちが日常的な意味で「市場の動き」とか「価格の調整」等と言うときに思い浮かべているのは、需要供給分析が分析対象としているような変化です。また、様々な政策の望ましさを経済学の観点から評価する際に多用される余剰分析は、この理論と深いかかわりを持っています。そうした理論が持つ本来の面白さを入門書において伝えることは、経済理論の魅力を知ってもらうためにも重要なのではないでしょうか。そんなことを考えてきた挙句、この本のような体裁の教科書を書くに至ったというわけです。

　本書の構成は次のようになっています。経済学と理論について一般的な説明を行う第1章に続いて、第2章では需要供給分析が対象とする市場の特徴について述べます。第3章では、需要供給分析に必要な部分に限定した内容で、消

費者行動の理論を説明します。続いて第4章、第5章では考える期間の長さを1日から数日程度に非常に短くとった場合の市場取引と価格決定に関する理論が扱われ、生産と費用に関する理論はその後の第6章で説明されます。第7章と第8章は、考える期間の長さを数か月から1年程度とした場合の市場取引と価格決定の理論です。第9章では、経済の状態や経済政策の効果を評価するための規範的分析に関する、経済学の基本的な考え方を説明します。第10章ではこの考え方と需要供給分析が結びつくことで成立する余剰分析について基本的な議論を行い、第11章ではその応用例を紹介します。第12章は、考える期間の長さを年単位とした場合の長期の市場取引と価格決定の理論です。第13章は、本書の内容からどのような方向に議論を広げられるかについて、簡単に論じています。

　入門書であることから、数学の多用は避け、図と言葉による直感的な説明を心がけました。例外は、「微分したものを積分すると元の関数に戻る」という、微分積分学の基本定理を何回か使用していることぐらいです。これは該当箇所での議論について、下手に言葉で説明するよりも数学の定理の使用の結果として理解してもらう方がわかりやすいと判断したからです。定理の内容は付録で解説しておきました。

　遅筆な筆者にとって、教科書を自分一人で書くことは思ったよりも大変な仕事で、何年もの時間を費やす作業となりました。その間辛抱強く励まし続けて下さった、日本評論社の斎藤博氏に心からお礼を申し上げます。斎藤さんの数多くの助言と助力がなかったら、この本は完成しないままに終わったかもしれません。

　最後にこの場をお借りして、この本の執筆中も含め、日頃様々な形で助けてもらっている妻の雅子に感謝の言葉を述べたいと思います。いつもありがとう。

2018年2月22日

上田　薫

目次

はしがき…iii

第1章　はじめに…1
1.1　市場経済…1
1.2　理論とテスト…6
1.3　仮定の「現実性」について…10
1.4　モデル分析…11

第2章　需要供給分析と市場…13
2.1　需要供給分析…13
2.2　需要供給分析が扱う市場の特徴…15

第3章　需要法則と支払意志…20
3.1　消費者モデルの基本的想定…20
3.2　消費者モデルの定式化…23
3.3　連続な値で測られる商品に関する消費者モデル…26

第4章　市場の一時的均衡…32
4.1　超短期の市場取引…32
4.2　買い手による価格操作の誘因…36
4.3　「小規模な多数の買い手」…39

第5章　超短期の均衡分析…43
5.1　連続量のモデルでの一時的均衡…43
5.2　超短期の比較静学…46
5.3　「正常」な市場需要曲線…48

第6章　費用の分析…51
- 6.1　機会費用…51
- 6.2　固定費用と可変費用…52
- 6.3　平均費用と限界費用…54
- 6.4　平均費用曲線と限界費用曲線…57
- 6.5　生産者余剰…61
- 6.6　短期と長期…63

第7章　市場供給曲線…65
- 7.1　供給曲線…65
- 7.2　売り手による価格操作の誘因…67
- 7.3　「小規模な多数の売り手」…70
- 7.4　市場供給曲線…73

第8章　市場の短期均衡…75
- 8.1　短期均衡点…75
- 8.2　売り手による期待形成…77
- 8.3　短期均衡の成立…80
- 8.4　短期均衡成立の条件…82

第9章　規範的分析の基礎…87
- 9.1　価値判断と事実判断…87
- 9.2　価値判断の客観性…89
- 9.3　パレート基準…92
- 9.4　効率化原則…94

第10章　短期均衡の効率性…99
- 10.1　総余剰最大化…99
- 10.2　効率的配分と支払意志合計額…101
- 10.3　効率的生産と可変費用合計額…104
- 10.4　効率的取引規模…108
- 10.5　市場の短期均衡と効率性…110

第11章　余剰分析…112
- 11.1　短期の比較静学と余剰分析…112
- 11.2　価格規制…113
- 11.3　個別消費税の効果…115
- 11.4　単純独占市場…120

第12章　長期における調整…127
- 12.1　長期に関する議論…127
- 12.2　生産活動における調整…129
- 12.3　参入・退出による調整…134
- 12.4　長期均衡…137

第13章　より進んだ考察へ…143
- 13.1　所得効果…143
- 13.2　その他の論題…148

付録…155
参考文献…159
索引…162

第 1 章

はじめに

1.1 市場経済

　経済学は経済の仕組みや動き方を理解することを目的とした社会科学の一分野です。そのなかのミクロ経済学と呼ばれる領域の入門として、需要供給分析という理論を説明していこうというのが、本書の目的です。けれども、いきなり「経済」だの「科学」だの言葉を並べられても困るでしょうから、最初にこうした概念について簡単に論じておこうと思います。経済とは、大雑把に言えば、社会の中で行われている経済活動全体を指す言葉です。ならば経済活動とは何かという話になりますが、これは消費や生産、貯蓄など人々の日常の生活を支えていくための行動だと考えておけばよいでしょう。ここで消費・生産などの活動の内容をさらに一般化して考えて、「様々な欲求を限られた資源や手段の範囲内で実現していこうとする活動」とする立場もあります。このような捉え方は、経済学の議論を法学、政治学、社会学、さらに生態学なども含む様々な研究分野と関連づけることを可能にし、理論や分析手法の応用と発展を促すことになりました。けれども入門レベルでは、上で述べたような常識的な理解で十分だと思います。

　こうした私たちの経済活動に見られる大きな特徴として、広範囲にわたる莫大な数の交換を伴っている点が挙げられます。そしてこの点は、経済学の必要性とも関わってきます。仮に世の中の全ての人が、自分の家族が消費するものを自分の家族だけで生産するような形で経済活動を行っていたなら、いわゆる経済学は生まれなかったかもしれません。土地の開墾や家の建築には土木の知

識と技術、米を作るには農業の知識と技術といった、物や心を直接の対象にした知識と技術が、個人にとっていま以上に重要なものになっていたことでしょう。経済的問題があったとしても、それは家族の時間を生産、家事、家の手入れなどの目的にどのように割り振るかといった、特別な専門的知識までは必要としない種類のものだったでしょう。

けれども現実には、私たちの毎日の経済活動の大部分は他人から必要なものを手に入れることを目的に行われていて、生活で利用するもののほとんどが、商品として購入したものです。経済活動がそのような形で行われることは、私たちに自分自身が持たない知識や技術による生産物の利用を可能にし、生活全体に測り知れないメリットをもたらしています。皆さんがノートをとるのに使っているシャープペンシルや鉛筆を考えてみても、皆さん自身の（おそらくは）知らない知識と技術に基づく、多くの人々による何段階もの作業の結果です。皆さんはお金を払ってそれを入手することで、その成果だけ利用しているわけです。例えば日本で生産される鉛筆の原材料と主要原産地、製造工程は次のようなものだそうです。

鉛筆の原材料と生産工程

原料：粘土（ドイツ）、黒鉛（中国）、インセンス・シダー（ヒノキ科の木、北米）

製造工程：①黒鉛と粘土を混ぜて芯の形にする。②約1000°の温度で焼き固め、熱い油をしみこませながら徐々に冷やす。③木板をカッターで削り、芯の両側から貼り合せる。④カッターで一本ずつ切り分け、塗装する。

出所：鉛筆の製造工程―日本筆記具工業会
(http://www.jwima.org/pencil/06dekirumade_koujou/06dekirumade_koujou.html) からの要約

ご覧の通り、消費者の手元に届くまでに、原材料の採掘・伐採、原産地からの輸送、製造の各工程での作業、出来上がった製品の流通・販売など、様々な人々の作業を経ているだろうことがわかります。こうして自分たちの使っているもの一つ一つについて少し調べてみるだけで、その背後に莫大な数の人々の

作業の積み重ねがあることを想像できるわけです。

そこで「経済活動を通じて他人から必要なものを手に入れる」ということについて、経済用語の紹介も兼ねつつ、もう少し詳しく見ていきましょう。私たちの社会で、その基本になっているのは**市場取引**（しじょうとりひき）です。この言葉は、**財・サービス**（人にとって有益なモノが財、有益な労力提供がサービス）と**貨幣**（つまりお金です）の交換を表すのに用いられます。市場取引の対象としての財・サービスは、**商品**と呼ばれることもあります。**市場**という言葉は、もともと市場取引が行われる場所を指すものですが、現代ではむしろ市場取引全体を指す言葉として使われています。さらに自動車販売の市場取引の全体を指して「自動車市場」と呼んだり、食料品に関する市場取引の全体を指して「食料品市場」と呼んだりします。

私たちが生活の中で用いる財・サービスを生産している**生産者**の多くは、これを営利事業として行うために組織された**企業**です。私たちは**消費者**または（収入と支出を同じくする）**家計**として、お金と交換にその**生産物**を買って必要なものを手に入れています。こうした消費者と生産者の間の取引を円滑に行うための流通サービスを提供するのが**流通業者**で、やはりその多くが企業です。

家計は財・サービスを入手するためのお金を、生産・流通活動に参加することで所得として得ています。企業はその活動のために働いてくれる人を雇います。こうした「最初に約束（契約）した条件と期間の範囲内で、命じられた業務を行う」（雇用）**労働**の提供はサービスの一種です。だからサラリーマンの家計は、雇用者である企業と、サービスをお金に換える市場取引を行っているのです。家計は労働者として労働サービスを販売するばかりでなく、地主として土地が提供するサービス（地下資源の採掘、土地スペースの利用など）を生産者に売ってお金を得る場合もあります。また農家のように、生産者として消費者に財・サービスを販売して所得を得ている家計もあります。生産・流通活動には多額の資金が必要になるのが普通で、企業はそれを株式や社債などの**金融資産**を発行することで手に入れようとしますが、家計はこうした資金を提供して利子を得ることによっても所得を得ています。以上のようにして得られた家計の所得の一部は将来の消費に備えて**貯蓄**され、それが金融資産として保有されます。

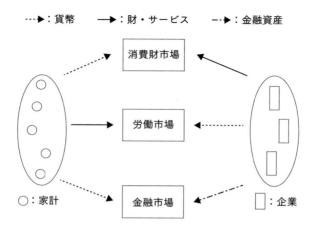

図1-1

　生産活動には労働以外に、原材料や部品、エネルギー、工場や機械、自然資源（**土地**という言葉で代表させることが多い）などの**投入**が用いられます（厳密に言えば、工場、機械、土地などの場合、投入となるのはそれらが生み出すサービスです）。労働サービスを含めたこれらの投入の生産活動への貢献のことを一まとめにして**生産要素サービス**と呼びます。

　図1-1はこうした市場取引の概略図です。この図には表現しきれていませんが、実際の企業や家計が、取引の条件（販売価格）に合意できた相手との間の交換を各々の判断で個別に行っていることは言うまでもないでしょう。また生産要素は労働サービスばかりではありませんし、企業間での市場取引も家計間の市場取引も行われているわけです。そうした「様々な相手との間で同時進行する莫大な数の取引」という市場取引の現実の姿を、この図を手掛かりにして頭の中で思い描いてみてください。このように市場取引を介在させながら行われている経済活動全体を指して、**市場経済**といいます。

　市場経済の中で生きている人々は、互いの生産要素サービスの産物を交換し合うことを通じて、自分の知らない知識や技術を用いて自分以外の人々の労働により生み出された、多種多様な財・サービスを利用できます。その利益が非常に大きなものであることは明らかですから、歴史を通じて市場経済の範囲が

広がりその仕組みが整備されてきたことが、社会を現在のように発展させる大きな力だったのは間違いないでしょう。けれどもこうした交換を通じた経済活動の複雑な相互作用は、特定の家計や企業を見ていただけでは把握困難な、各個人の意図や社会道徳などに従わない、独自の影響や結果を生み出します。一つ一つの取引はそれに関わる人にとって馴染み深いものであっても、その全体は複雑すぎてどのような力が働いているか見通せません。市場を介して私たちが行う経済活動は自分たち自身の（各人の日常の経験を通じた）活動ですが、しかし市場経済全体は自分たちと独立した、思い通りに動いてはくれない自律的な存在なのです。これまでに社会で発生してきたデフレーションやインフレーション、環境破壊や自然資源の枯渇などは、人々の意図を超える市場経済の動きによって生じた問題の代表例と言えます。

市場経済が予想や制御の難しい結果を生み出すことから、市場を廃止して政府が直接に生産と分配を行えば経済活動を思い通りに動かせるのではないかという、**計画経済**の発想が生まれ、20世紀には多くの国で試みられもしました。けれども、そうした試みは期待された成果をもたらさず、ときには多数の餓死者が出るような悲惨な事態も起こりました。結局のところ、他人の経済活動の成果を利用し合うメリットを社会全体として享受しようとする限り、人々の間の相互作用が複雑なものになるのは必然で、市場を廃止しても予測や制御の難しさが無くなるわけではなかったのです。現在では、社会全体の経済活動を破綻無く営んでいくには、多かれ少なかれ市場に頼らざるを得ないのだ、というのが標準的な考え方になっています。市場経済の中でより多くの人々が満足できる社会を実現していくためには、その実態を正しく理解し、不測の事態の発生を抑制しなければなりません。これが、経済学という学問分野が必要になる重要な理由だと言えるでしょう。

経済学では、大きく分けて二つの方向から、市場経済の実態を理解しようとします。**マクロ経済学**は一つの国の市場経済の全体像から考えていくもので、市場取引により生まれる所得の総額の動き（景気変動）などを説明することに議論の重点がおかれます。この本が採り上げる**ミクロ経済学**は、家計や企業の市場取引に関する意思決定から市場経済を考えていくもので、それらが互いに作用し合いながらどのような結果を生んでいくのかを調べることで分析を深め

ていきます。意思や目的を持った個人や組織が生み出す様々なタイプの相互作用の特徴を確認しながら、現実の市場経済を理解するための手がかりを得ようとするのです。

1.2 理論とテスト

　市場経済は、私たち個々人の意図とは独立した、(目で見たり触れたりという)直接的方法では全体像を把握できない存在だという点で、自然科学の研究対象と似ています。そして、その研究のために経済学が用いる方法も、こうした科学と同様のものだと言えます。つまり、**理論**を作り、観察可能な**予測・説明**を導き、これを**テスト**するのです。「理論」というのはいろいろな意味合いで用いられることのある言葉ですが、ここでは「研究しようとする対象において一般的に成り立つ、特徴や仕組みに関する言明のセット」という意味で用いています。例えばこの本で扱おうとしている需要供給分析では、それが対象とする商品の市場においては「価格が低くなるほど買い手の望む購入量は増える」、「商品の価格は、買い手が購入を望む商品の量が供給された量と等しくなる水準に決まる」等の一連の言明が成り立つとしています（次章以降では、その詳しい意味や、そう考える理由について説明していきます）。

　科学的な方法にとって重要なのは、理論が含意する**予測**の演繹です。これは、観察可能な**初期条件**と理論を組み合わせることで、観察可能な結果を論理的に導くことを言います。下の枠内に示したのは需要供給分析におけるその一例です。初期条件として商品の出荷量が減れば、②より買い手の購入しようとする量が減る方向に価格が変化しなければなりません。下方に変化すれば①より買い手の購入量は増えてしまうので、価格は上方に変化するはずです。

> 理論：① 「価格が低くなるほど買い手の望む購入量は増える」
> 　　　② 「商品の価格は、買い手が購入を望む商品の量が出荷量と等しくなる水準に決まる」
>
> 初期条件：「商品の出荷量が減少する」
>
> 結果：「商品の価格が上昇する」

　こうした演繹によって理論は現実と関連づけられます。初期条件と一致する事態が観察されたとき、理論を用いることで何が起こるかを予測できます。また、ある出来事が起きたとき、仮説の初期条件とされている事態が事前に発生していたことを確認できれば、その出来事を説明したと言えるわけです。そして理論は、事実をうまく予測・説明できるかどうかによってテストされることになります。例えば**表1-1**は野菜の全国平均小売価格が2017年12月から1月にかけて急騰したことを示しています。1月後半から落ち着いてきてはいますが、平年比で見ると依然として高い水準にあります。他方で、2017年秋は長雨が続いて日照時間が減少したうえに、二度の台風で野菜の産地が被害を受けたことがわかっています。そこで需要供給分析は、「気候条件の悪化によって冬の野菜出荷量が減少した」という初期条件の結果として、この事実を説明できるわけです。

　それでは、ある事例に関して予測や説明がうまく行えなかった場合はどうなるでしょう。このとき、理論を構成する言明のうちのどれか（上の例で言うなら①、②のいずれか）が誤りであるか、初期条件または結果の観察に問題があったか（つまり、正しい観察に失敗したか）、どちらかであるはずです。初期条件も結果も正しく観察できている場合、理論は**反証**されたと言います。反証された理論は、その言明のどれが誤っているのか検討され修正されねばなりません。そして、そのことは必ずしも悪いことではありません。反証に対応し修正を重ねることによって、より頑健な予測・説明を与えるものに改善される機会が得られるからです。完璧な理論などというものはありませんし、特に研究が始まったばかりの分野では見当違いな考えも生まれるでしょう。理論が反証によって

表1-1 食品価格動向調査（野菜）による全国平均小売価格

(単位：円/kg)

調査期間		キャベツ	レタス	トマト	はくさい	だいこん
平成30年 1月22日の週	価格	377	1,052	775	353	321
	前週比	90%	83%	93%	98%	94%
	平年比	197%	153%	108%	225%	208%
平成30年 1月15日の週	価格	419	1,264	835	362	342
	前週比	107%	91%	96%	107%	104%
	平年比	219%	184%	117%	231%	222%
平成30年 1月8日の週	価格	392	1,382	868	338	330
	前々週比	120%	112%	99%	119%	123%
	平年比	205%	201%	121%	215%	214%
平成29年 12月25日の週	価格	326	1,230	874	285	269
	前週比	129%	115%	104%	111%	117%
	平年比	210%	238%	116%	201%	202%
平成29年 12月18日の週	価格	253	1,072	841	256	230
	前週比	112%	102%	101%	102%	106%
	平年比	163%	207%	112%	180%	173%
平成29年 12月11日の週	価格	226	1,046	831	250	216
	前週比	102%	94%	105%	103%	100%
	平年比	146%	202%	111%	178%	162%
平成29年 12月4日の週	価格	221	1,109	794	243	215
	前週比	107%	114%	104%	103%	105%
	平年比	143%	215%	106%	171%	162%
平成29年 11月27日の週	価格	207	969	762	236	204
	前週比	106%	111%	101%	113%	107%
	平年比	105%	193%	97%	117%	121%
平成29年 11月20日の週	価格	196	873	757	209	190
	前週比	99%	96%	98%	107%	100%
	平年比	99%	174%	96%	104%	113%

出所）農林水産省ホームページ
http://www.maff.go.jp/j/zyukyu/anpo/kouri/k_yasai/h22index.html

常に改善される可能性を持つことこそが、科学的方法の強みなのです。逆に反証への対応の回避や放置を続ければどうなるでしょう。現実を予測・説明することは、理論にとってテストであるにとどまらず期待される重要な役割でもあります。その期待に応えることができなければ、やがては役に立たないものと

見做されて用いられなくなっていくはずです。市場経済の研究は、その動きをより適切に特徴づけ予測・説明できる理論を、テストと反証を通じて手に入れようとする努力だと言えるでしょう。

　このように整理すると、理論というものの性格について、幾つかの一般的な注意点が明らかになります。まず、**理論は反証可能でなければなりません。**どんな事例でも説明できる理論、つまり「どんな事実によっても反証されない理論」は欠点を持たない優れたものであるように見えるかもしれませんが、現実の理解に役立たないのです。例えば「ヒトは自分にとってより快楽の大きい行動を選ぶ」という言明は、ある人がある初期条件に対しどんな行動を選んだとしても、「この人にとってそれが（選べる範囲で）最も快楽の大きい行動だったのだ」と言えるから反証されることはありません（脳科学の発達によって脳内活動の測定が可能になった現代でも、「私の言う快楽と測定されているものは違う」とか「その場限りの快感でなく将来まで含めた快感を大きくしようとしている」等と言われれば、やはり反証は困難でしょう）。しかし言い換えれば、このような「理論」はヒトが現実に選ぶ行動について何の限定も出来ないということになります。これでは本来の意味での予測も説明も不可能です。この言明から役に立つ理論を作ろうとするなら、その内容を精緻化することによって、反証可能な予測を導けるものにしなければなりません。

　しかし他方で、**理論自身は直接観察できる主張だけから成り立っている必要はありません。**観察可能な予測を生み出せる理論ならば、その検証ないし反証を通じて理論の妥当性を試すことができますから、理論が用いる概念や言明まで観察可能でなくてもよいのです。この点を誤解すると、有用な理論を「科学的でない」として否定するという誤った厳密主義に陥りかねません。例えば、「生物が変化するほど長い時間の観察は不可能だから、進化論は科学ではない」といった議論がそれです。しかし進化論によれば生物の身体は段階を経て複雑化しながら現存する種に近づいていくはずなので、「鳥類の化石と三葉虫の化石が出土した場合、前者が見つかる地層は後者のそれより新しい」といった観察可能な予測を導出できます。これまで大量の化石が発見されていますが、化石と地層の対応に関するこうした予測が反証されたことはありません。個別事例の特殊性に左右されない頑健な予測を生み出せるという意味で、進化論は信

頼性の高い理論だと言えるわけです[1]。経済学において用いられている、個人の意思決定に関する理論では、かつては「消費者がある商品よりも別の商品を購入した」といった目に見える行動だけから理論を組み立てるのが望ましいという考え方が主流でした。しかし現在では、人間の心理や認知に関する理論に基づいて意思決定の研究を行う行動経済学が、その仮説を支持する実験データの提示によって注目を集め、評価されるようになっています。

1.3 仮定の「現実性」について

　経済学の理論では、「簡単化のために～であるとしよう」、「～と仮定しよう」等の表現を用いながら、様々な仮定をおいた議論が行われます。その仮定の中には、非現実的に思えるものも数多く見られます。例えば需要供給分析が考えているのは、卸売業者や仲卸業者による卸売市場に近いもののはずなのですが、あたかも生産者と消費者が直接取引をしているかのように、流通業者は完全な代理人として行動するものと仮定されます。こうした非現実的な仮定について、どのように考えればよいのでしょう。

　前節で述べたように、現実の予測や説明に役立つ理論は反証可能でなければならないのでした。また、反証に応えて修正されることにより改善されていくものなのでした。この観点からすれば、現実の社会の様々な有り様をむやみに経済理論に反映させることは避けねばなりません。そもそもが、市場経済が複雑なものであるからこそ、その動きを理解するために重要な特徴を把握したいわけです。つまり個々の事例の細かな違いに左右されない、一般的な予測や説明の基礎となる特徴です。この目的を忘れて現実の特徴を目に付くままに取り入れていけば、それらの相互作用によってどんな結果も起こり得るような理論になってしまう上に、結局どの特徴が重要であるのか見分けることもできません。反証を通じた理論の改善を目指すことから遠ざかるだけです。そこで経済理論の多くは、現実とは明らかに異なる主張を敢えて採用することで考慮する

---

[1] 近年では、大腸菌など急速な世代交代が行われる生物を用いて、進化自体の観測も可能になっています。

現実の特徴を限定（簡単化）し、初期条件から明確な結果を引き出そうとするのです。

　需要供給分析が流通業者独自の意思による行動を考えないのも、現実の業者がそうであると主張したいわけではありません。需要供給分析が対象とする経済問題を扱う際には重要ではないと主張しているのです。そのような簡単化の仮定を置いて得られた仮説が反証されないなら、考慮すべき特徴の絞り込みによって現実への理解は深まります。また、それを前提にして一層複雑な問題の解明にも取り組むことが可能になります。仮にある経済問題について、現実の多くの特徴を省略し簡単化しているという意味で「非現実的な」理論が反証されなかったとすれば、更なる研究の進展に大きく貢献するでしょう。経済学者ミルトン・フリードマンによる「仮定が非現実的な理論ほど意義がある」という有名な言葉があります。しばしば引用され、経済学者の非常識さや傲慢さを示すものとして非難されたりもするのですが、決して馬鹿げたことを言っているわけではないのです。

　けれども、仮定のうちのどれがどのように非現実的であるかを、理論をつくる側が意識しておくことは重要です。非現実的な仮定を数多く置いて簡単化した理論ほど反証されやすいわけで、その修正を適切に行うためには、無視されていた現実の特徴に関して十分に理解していることが望ましいからです。また既存の理論を用いようとするときも、それが拠って立つ仮定のどれがどの程度に非現実的なのかを理解しておかないと、誤った判断や一般化につながりかねません。理論の中に非現実的な仮定を設けることは必要だが扱いには注意しなければならない、というのが平凡ですが妥当な考え方でしょう。

1.4　モデル分析

　経済学の理論は、その程度の大小はあるにせよ、数学的な表現を用いた**数理モデル**の形をしているのが普通です。そうなる理由は、とりあえず二つほど挙げられます。まず、理論と初期条件からの予測の導出が、論理的に正しく行われる必要があることです。そうでなければ、予測が当たったにせよはずれたにせよ、理論をテストしたことになりません。例えば以下の①と②を組み合わせ

て③を導くことは論理的に間違っていますから、②にもかかわらず③が成り立たなかったとしても、①は反証されません。

> ①：「国語の成績が良い子供なら誰でも、毎日牛乳を飲んでいる。」
> ②：「うちの子供は毎日牛乳を飲んでいる」
> ③：「うちの子供の国語の成績は良い。」

　また、観察可能な予測を多く導ける理論ほどテストによるチェックが容易であり、現実の予測・説明のためにも有用です。これより一つの理論からできるだけ多くの仮説を導くことが望ましいことになります。

　予測を論理的に正しくしかもできるだけ多く導こうとするには、理論を数理モデルとして表現すると便利です。こうすれば、論理的に正しい結果を導くことは数学の定理を正しく用いて図や式を扱うことに置き換えられます。そのようにして得られた結果のうちから、観察可能な予測と解釈できるものを見つけていけばよいのです。これが（数理）**モデル分析**です。但しその利用に当たっては、企業や家計に関する言明を図や数式で表現することや、その数学的操作から導かれる結果のうちから予測として解釈できる内容を選び出すことに、慣れておく必要があります。本書ではミクロ経済学の基本的理論の一つである需要供給分析について説明していきますが、その中で簡単な数式や図を使用することになります。これはモデル分析入門も兼ねているのだと考えてください。

第 2 章

需要供給分析と市場

2.1 需要供給分析

　中学校や高校の教科書で経済について学ぶときに、**図 2 - 1** のような二本の曲線が描かれた図を見たことがあるのではないでしょうか。右下がりの曲線は**市場需要曲線**、右上がりの曲線は**市場供給曲線**と呼ばれます。一つの商品の市場取引に注目し、取引量と価格の決定についてこれら二つの曲線を用いて分析するのが**需要供給分析**です。家計や企業の市場取引に関する意思決定から市場経済を考えていく、ミクロ経済学の理論モデルの一つということになります。市場取引にかかわる問題を簡単な図によって扱えることから、百年以上も経済学者たちによって用いられています。さらに、経済政策の望ましさを判定するのに用いられる総余剰という概念と結びついて、政策判断を行う際の便利な道具としても大きな役割を果たしてきました。けれども需要供給分析の中身は、この図の見た目ほど単純なものではありません。二本の曲線の背後には、多くの理論的内容が収められています。市場を通じて経済活動がどのように調整されどのような結果を生み出すかに関し、経済学者が抱くイメージの基本となってきた、非常によくできた経済モデルなのです。

　この需要供給分析について学ぶことによって、ミクロ経済学の入門としてもらおうというのが本書の狙いです。ミクロ経済学は複数の理論モデルによって構成される広大な理論体系であり、それは経済学者たちが市場経済の異なる側面に関する問題関心に応じて様々な分析道具を用いて解明を試みてきたことの結果です。モデルが採用する簡単化の仮定もそれぞれに異なっています。そこ

図 2-1

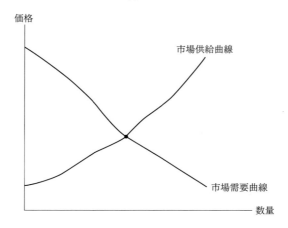

　で本書では、まず需要供給分析という市場経済に関する典型的な理論モデルについてある程度深く知ってもらい、そこからミクロ経済学の様々な分野への興味を拡げるというやり方を提案してみようというわけです。

　また、需要供給分析がどのような想定を置いているかを詳しく学ぶことは、それがうまく当てはまる市場と問題の範囲を理解するのに役立ちます。後で論じるように、そうした市場が生み出す結果は、経済学の標準的な（そして日常感覚からも大きく外れていない）判断基準から見て望ましいものになるのです。したがって、図2-1の持つ簡便さに惹かれて需要供給分析を拡大適用しようとするとき、どこに違いが生まれるかに注意していないと、当てはまりの良い市場同様の望ましい結果が達成されると勘違いしてしまうかもしれません。他方で、どの想定がどのように成り立たないかを考えることで、考察しようとする市場の理解は深まるでしょう。こうした理由からも、需要供給分析の内容を詳しく学ぶことは重要だと考えられます。

2.2　需要供給分析が扱う市場の特徴

　需要供給分析はある一つの商品を採り上げ、その市場の取引における価格や取引量がどのように決まるかという問題を考えます。各々の商品の市場の価格と取引に直接に作用するのは、当該商品の価格に反応する買い手の意思（需要）と売り手の意思（供給）である、という発想がその基本にあります。そうした直接的要因以外の、例えば他の商品や生産要素の価格などの間接的要因は、時間の経過につれて累積的に影響を及ぼすようになるのですが、一定の期間内であれば無視できると考えるのです。このように、個別の市場ごとの直接的要因に注目して市場の働きを解明しようと考える分析方法を、**部分均衡分析**といいます。

　需要供給分析が主に想定しているのは、①取引前に適切に仕分けされ標準化されることで商品が同質化されており、売り手も買い手も商品の中身を良く知っている、②いったん出荷されると保存が難しい商品を対象とする、③大量の取引を行う整備された中央市場を持つ、④取引を行うのは多数の小規模な買い手と売り手である、といった条件を満たす市場だと言えます。これらの特徴が比較的当てはまると考えられてきた代表的な市場は、青果、魚類、花卉（かき）などの農水産物市場でした。ですから想定される商品も、典型的には農水産物の一品目ということになるでしょう。こうした商品を扱う市場の概略について知っておくことは、需要供給分析の考える市場のイメージを明確にするのに役立つと思われます。

　図 2-2 は日本の大都市圏向け青果物取引の流れの概略を示した図です。整備された市場である中央卸売市場を経由する取引は、青果物に関しては全体の60％程度というのが平成20年代における数字となっています。昭和50年代には85％ほどを占めていたのですが、近年低下傾向にあります[1]。中央卸売市場で取引される青果は、農協や生産者自身の組合などの手で集められ、大きさや品質などにより仕分けされて、市場での販売認可を受けた卸売業者に出荷されます。市場では出荷された商品に価格がつけられ、仲卸業者その他の取引の許可

---

[1] 『卸売市場を含めた流通構造について』農林水産省、平成29年、pp. 7〜8。

図 2-2

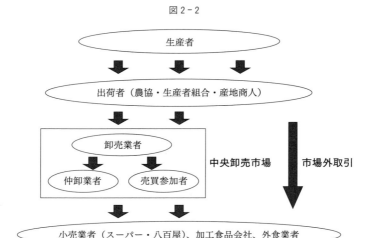

を得ている買い手により購入されます。これらの買い手から小売業者への転売が行われ、私たちは小売業者が消費者向けに小分けし包装した商品を購入するわけです。

　このような卸売市場を通じた取引は、非農業人口の増加と都市部への移動によって生じた、大量の農水産物の輸送と販売の必要への対応として生まれてきたものだと見ることができます。日本でも明治・大正期に都市への人口集中が進むにつれて、そうした人々への農水産物販売が拡大していきました。同時に行政にとっても、都市住民に生鮮食料品を安定的に供給していくことが重要な課題となりました。こうして大正末から昭和初期にかけて、都市部の大消費地を主な対象とする中央卸売市場の設立が、法律や制度の整備を伴って進められます。地域ごとに設けられた中央卸売市場では、取引に参加できる者は一定の資格を満たす専門業者に限定され、さらにこれらの業者には、委託販売、受託拒否禁止、競り売り、商物一致など一連の取引原則に従うことが求められました。**委託販売**は、卸売業者が出荷者の代理人として販売を行う方式で、あらかじめ生産物を買い取ってから改めて販売する買い付け方式と区別されます。**受**

図2-3

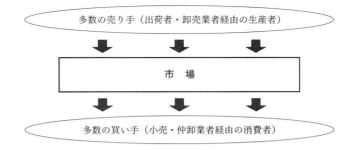

託拒否禁止とは、卸売業者は出荷者の委託を理由なく拒否することはできないという決まりです。**競り売り**は、公開の場所で全ての買い手が希望する価格と購入量を卸売業者に提示し、既定のルールに従って取引価格と購入者を決める販売方式です。**商物一致**は、取引の対象は市場に現物として入荷したものに限るというものです。

　こうした市場の取引に参加する者は、商品に関する十分な知識を持つ、情報収集にも慣れた専門業者です。販売を委託された卸売業者は出荷者が仕分けし標準化した商品の中身を確認する能力を持ちますし、購入する側の仲卸業者等の人々も自分が買う商品の中身を識別する知識を有します。取引の際に、商品の質に関するお互いの情報は十分だと考えられます。そこで、仮に卸売業者が生産者の委託を受けた代理人としてその利益を十分に反映した行動を採り、仲卸業者たちが消費者の利益を十分に反映した行動を採るとすれば、中央卸売市場で価格と販売が決められる取引を、大量の（中身のわかった）同質的商品に関する多数の売り手と買い手による取引と見ることができるでしょう。このように考えることで得られる**図2-3**のような簡略化された取引の流れは、需要供給分析の考える市場に近いものと見ることができます。

　卸売業者が受託拒否禁止の原則のもとで委託販売を行うならば、その行動は出荷者の利益を、ひいてはその背後に居る生産者の利益を十分に反映したものになるかもしれません。仲卸業者から小売業者を経て消費者に商品が渡る過程についてはどうでしょう。この過程では商品の仕入れ価格より高い価格で商品が販売されていきます。販売価格と仕入れ価格の差額を**マージン**と言います。

商品の輸送、小分け包装などの費用と業者の利益はこの中で賄われることになります。小売業者は消費者が高い価格で買ってくれると予想すれば仲卸業者から高い価格で仕入れても良いと考えるでしょうし、これを予想すれば仲卸業者は卸売市場で入手する商品の評価を高くするでしょう。ですから仲卸業者が消費者の商品への評価の予想を大きく間違えなければ、その行動は消費者の利益を反映したものになると考えられます。

　けれども、上で述べたような点を考慮に入れたところで、流通業者が生産者や消費者の完全な代理人として行動するという仮定の非現実性は否定できません。第1章3節で述べたように、考慮する要因を減らすことでテスト可能な予測を導くための簡単化の仮定として理解すべきです。商品の質の鑑定や仕分けに関して流通業者が果たしている役割は、この仮定によって分析の背景におかれることになりますが、それが存在しないとか不要であるなどといった意味ではありません。逆に、流通業者が十分にその役割を果たしていることを前提とした簡単化なのです。流通業者の役割の詳しい内容とそれが十分に機能するための条件については、別の形の分析が必要になるというわけです。

　ここまでの議論でもう一つ注意してもらいたいのは、規制が経済活動に対して持つ意義です。生鮮食料品の中央卸売市場成立へのきっかけになったのは、都市部の需要の成長に新たな取引の機会を見出した生産者たちの自然発生的な対応だったでしょうが、それが需要供給分析を適用できるような卸売市場の形になった点については、行政が定めた参加者資格の制限や取引原則の力も大きかったと考えられます。そのような整備された市場で行われる自由な取引によって社会的に望ましい結果を生み出されるとしても、それは既に一定の規制を前提としたものであって、何の制約もない自由な経済活動の成果と勘違いしてはならないのです。

　最後に、交通手段の発達や保蔵技術の進歩により、近年の生鮮食料品の取引に大きな変化が起きていることについても触れておきます。こうした技術進歩に後押しされたスーパーマーケットの増加や外食産業の拡大により、**図2-2**で消費者の一つ手前の段階にある業者が大規模化しました。これらの業者は大量の商品を確保する必要に迫られ、市場での正規のせり取引前に個別に価格交渉を行って商品を受け取る方法を採るようになっています。当初は例外として

認められたこのような相対取引は、次第に取引額を増やしてきました。また、都市部の交通渋滞の深刻化などにより、すべての商品を市場に運び込まねばならない商物一致の原則も問題視されるようになりました。こうした変化を受けて、取引原則の大幅な緩和を認める卸売市場法の改正が2009年に実施されています。さらにスーパーや外食産業などは、産地の出荷者との直接取引や輸入などにより、卸売市場を通さずに生鮮食料品を直接買い付ける方法も採るようになっていて、図2-2で示した市場外取引の金額も増加しています。青果物などの生鮮食料品の市場が需要供給分析の想定に近い条件を備えているとしても、その特徴は一定不変のものではないのです。

第 3 章

需要法則と支払意志

3.1 消費者モデルの基本的想定

　この章では、需要供給分析における商品の買い手についての、消費者行動のモデルを説明していきます。一般に消費行動には次のような特徴があると考えられていて、実証的にも確認されています。皆さん自身の日ごろの行動を振り返って見ても、これは当然だと思うのではないでしょうか。

　需要法則：消費者は（他の条件が一定なら）価格が低くなるほど購入量を増加させる。

　「他の条件が一定なら」という但し書きは、いま考えている商品の価格変化以外に消費者の置かれている状況に変わりがない場合、という意味です。イチゴの価格が先週より高くなっても、今週からバイトの時給が上がった主婦ならイチゴを買う量を増やしても不思議はありません。他の変化なしで、ただイチゴの価格だけが（旬の季節になって）下がっていくならば、購入量は増えるだろうと言っているわけです。消費者行動についてのモデルを考えようとするとき、需要法則が説明できるかどうかはチェック・ポイントの一つになります。ここで行き詰まるようなモデルなら、消費者行動に関して行う他の予測も信頼できないからです。

　個人の意思決定理論については、経済活動が自分の意思を持った多数の個人の行動によるものであることから、その基礎理論として経済学者も膨大な研究を行ってきました。ここで用いるのは、その中で最も単純なものと言えるかもしれません。モデルの基本となるのは、

表 3 - 1

リンゴの入手量（1週間当たり）	支払意志	限界支払意志
0	0	500
1	500	470
2	970	400
3	1370	300
4	1670	180
5	1850	50
6	1900	−100
7	1800	

各消費者は、いま考えている商品の様々な数量について、それだけの量が手に入るなら最高でここまで支払っても良い、という金額の判断ができるという想定（言明）です。こうした金額のことを**支払意志**（Willingness to pay）と呼びます。例えば「リンゴ1個には最高で500円、2個なら970円、3個だったら1370円まで支払っても良い」といった考えが、それぞれの消費者の頭の中にあるというわけです。この商品から消費者が得るものを金額に換算した値と言ってもよいでしょう。

　私たちは生活のための財・サービスを、日常的に市場取引によって手に入れており、日頃目にする様々なものについて、入手するための金額と結び付けて考えることに慣れています。ですから、日常的に消費する商品の常識的な数量の範囲内でなら、各消費者は支払意志に関する判断が可能だと考えることに問題はないでしょう。

　支払意志は「実際にここまで払える」という支払能力の裏付けがあっての判断です。そのお金を別の用途にも使えるのに、「この商品がこれだけ手に入るならあきらめても良い」と考えるわけですから、一人の消費者を採ってみたとき、支払意志が大きいほどそれを欲する度合いが大きいと言うことができます。

　支払意志と入手する商品の数量の間の関係は**表 3 - 1**のように整理できます。これは、ある消費者についてのリンゴの（1週間で見た）入手個数と支払意志の例です。この表のように、最初は手に入る商品の量が増えるほど支払意志の

図 3-1

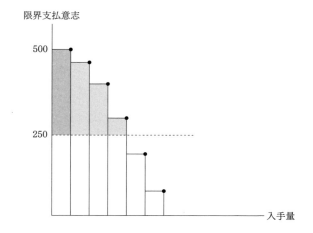

金額が増えていくでしょうが、やがて「これ以上あっても困る」という数量になれば支払意志は逆に減少すると考えられます。そこで、こうした支払意志の増え方について詳しく見てみましょう。

　入手できる量がある値から増えるときの、増加1単位当たりの支払意欲の増加分の大きさを**限界支払意志**と呼びます。経済学ではこの「限界（Marginal）」という言葉を、「（ある値からの）増加1単位当たりの変化」という意味で使います。ここでは「入手量の増加1単位当たりの支払意志の変化」という意味になるわけです。表の一番右側の列は、支払意志の数字から限界支払意志の数字を求めて記入したもので、グラフにすると**図3-1**のように描けます。この図のように、**限界支払意志は入手量が増えるにつれて減少していく**とする（これを**限界支払意志逓減**という）のが、ここでの消費者行動モデルの第二の想定です。

　限界支払意志逓減が成り立つ理由について、「1個目のリンゴはとてもおいしく感じるが、食べる個数が増えるにつれて飽きてきて、支払おうとする金額が減る」といった事例、心理学におけるフェヒナー法則（刺激の増加に対する知覚は刺激の大きさにつれて低下する）の紹介など、快楽ないし感覚的な根拠に基づく説明がされることがあります。けれども、その成立の仕組みをそこまで限定的に考える必要はないでしょう。むしろ、同じ商品ならば最初の一個を最も

重要な目的に用い、個数が増えるにつれて次第に重要でない用途に充当していくという、人間の合理性自体が根拠になっていると見た方が、説得力は増すように思えます。例えば、最初のリンゴは怪我で入院している友人のお見舞いに持っていくものだから高くても手に入れたいが、二個目は自分用なのでそれほど支払おうとは思わない、といった話だと考えるわけです。

図3-1に戻って、リンゴが一個当たり点線で示した250円で買うことができるとしましょう。この消費者がリンゴを一個買ったとき、500円出しても欲しいと考えているものが250円で手に入るのですから、250円分の利益を得たことになります（濃く色をつけた長方形部分）。商品の購入によって生まれる支払意志と実際の支払金額の差額であるこの値を、**消費者余剰**と言います。これは商品の入手と対価の支払いによって消費者が差し引きで得るものを金額に換算した値ですから、より大きくなるほど消費者にとって望ましいはずです。こうして私たちの消費者行動モデルの三つ目の想定は、**消費者は消費者余剰を最大にするように行動する**というものになります。

このとき、リンゴが一個当たり250円で入手できるという状況にいる消費者がどのような行動を選ぶか予想できます。消費者が二個目のリンゴを買えば、支払意志の金額はその限界支払意志470円だけ増えますが、支払額の増加は250円なので、消費者余剰は220円増加します。消費者余剰を最大にしようとするこの消費者は、限界支払意志が価格を上回る限り購入量を増やしますから、リンゴを4個購入することになります。

3.2　消費者モデルの定式化

前節で例を用いて説明した消費者行動モデルについて、一般的な形で見直していきましょう。ある商品と、それを購入しようとしている消費者を考えます。モデルの最初の想定から、商品の各数量について、この消費者の支払意志の金額を定めることができます。数量を $x = 1, 2, \cdots$ という変数で表し、その各々の値に対する支払意志の金額を $V(x)$ で表すことにしましょう。

この関係は**図3-2**のようなグラフで表せます。$x = x_0$ での限界支払意志は x_0 から数量が増加するときの増加1単位あたりの支払意志の変化ですから、

図3-2

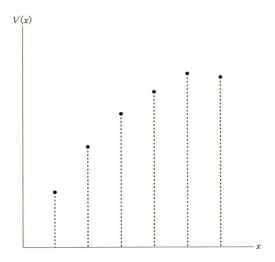

$V(x_0+1)-V(x_0)$ になります。これはグラフの各数量から隣の数量への棒グラフの長さの差になりますから、この図がモデルの二番目の想定である限界支払意志逓減が成り立つとして描かれていることがわかります。

　私たちがスーパーの店頭でリンゴを買うときのように、商品が一定の**単価**（一単位当たりの価格）で好きなだけ（売り場に出ている商品を買い占めても足りないような場合は別ですが）買える場合を考えましょう。消費者が消費者余剰を最大化するという想定によれば、この消費者は限界支払意志が単価を上回る限り購入量を増やし、限界支払意志が初めて単価を下回るところで購入量を決めることになります。これは**図3-3**のような限界支払意志のグラフを見ればわかりやすいでしょう。この図で各購入量での支払意志の金額は0単位からその購入量までの各単位の購入の限界支払意志の合計になっていますから、ある購入量での消費者余剰はその数量までの限界支払意志のグラフの下側の面積から支払額の長方形の面積を差し引いた面積の値になります。例えば図3-3において価格 p_0 で2単位を購入したときの消費者余剰は、影を付けた面積になるわけです。この面積が購入単位ごとに限界支払意志から支払金額を差し引いた値を合計した値になることは明らかですから、限界支払意志が初めて単価を下回る

図3-3

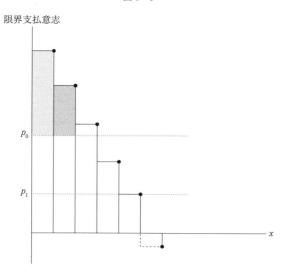

購入量で消費者余剰は最大になります。

さらに、図の p_0 から p_1 のような単価の低下が購入量を増加させることもわかります。私たちの消費者行動モデルが、需要法則を説明できなければならないという最低限の条件を満足していることを確認できたわけです（細かい話をすれば、単価が p_1 ならば5単位目の限界支払意志と等しい値になるので、5単位目を購入してもしなくても消費者余剰は変わりません。以下では、限界支払意志が単価に等しいとき、商品の追加的購入は行われないと仮定します）。限界支払意志は追加的1単位の商品による支払意志の増加ですから、追加的に購入しようとする1単位に対する消費者の評価額であると、この値を解釈することもできるでしょう。これを**追加的購入の評価額**と呼ぶことにすると、図3-3で示されている消費者の行動パターンは、「追加的購入の評価額が単価を上回る限り購入量を増やす」ものとも表現できます。

ただし以上のように説明してきたモデルは、単価一定の状況だけを前提にした消費者行動のモデルではない、という点には注意してください。たとえ商品の一個あたりの価格が一定でない場合であっても、このモデルを消費者行動の予測に使うことは可能です。図3-1に戻って、この消費者が「リンゴを一個

ずつ買うなら一つ500円だが、二個入りの袋なら一つ800円で売る」という条件を示されているとしましょう。すると一個ずつ買うときは何個買っても消費者余剰は正の値になりませんが、二個入りの袋なら一つ買ったときに170円、二つ買ったときに70円の正の消費者余剰が得られます。そこで消費者余剰を最大にするように行動するという想定から、この消費者が二個入りの袋を一つだけ買うと予測できます。

3.3 連続な値で測られる商品に関する消費者モデル

ここまではリンゴやキャベツなどのように数量を個数で考える商品を考えてきました。つまり、商品の数量が**離散的**な値で測られる場合の話でした。けれども肉や茶葉などは重量単位で売られますし、牛乳など体積単位で売られる商品もあります。こうした商品の数量は**連続的**な値で測られるので、私たちの最初の想定をそのまま拡張するならば、消費者はその全ての値に対して支払意志の値を決められると考えることになります。支払意志が0以上の区間を変数とした関数として表せるとするわけです。つまり、この商品の量を0以上の値を採る連続な変数xで表すと、ある消費者を考えたときにその支払意志は例えば**図3-4**のような関数（図では$V(x)$で表しています）になるというわけです。

需要供給分析の標準的な議論では、この仮定をさらに強めて、**商品の数量が連続的な変数で表わされる場合、消費者の限界支払意志は連続な（切れ目のない）グラフで表わせる**と仮定します。まずは、商品の数量が連続的な場合に限界支払意志がどう定義できるかを説明しましょう。図3-4の消費者が商品の入手量をx_0というある値から増やすとき、数量を連続的に選べるなら、どんな小さく変化させることもできます。その変化分をhとすると、1単位当たりの支払意志の変化は

$$\frac{V(x_0+h)-V(x_0)}{h}$$

と表せます（これは数学で**平均変化率**と呼ばれる式です）。けれどもこの値は（$V(x)$が一次関数でなければ）hの大きさ次第で変わってしまうので、これだけでは限界支払意志の値は定められません。そこで、hの大きさを小さくしていったと

図 3-4

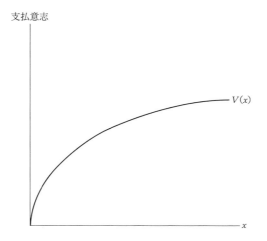

きにこの値が近づいていく値が定まるとき、それを x_0 における限界支払意志の値とするのです。数学の言葉を使えば、これは関数 $V(x)$ が x_0 で微分可能だということを意味します。ここで限界支払意志と定義された値は支払意志関数 $V(x)$ の x_0 における**微分係数**の値であり $V'(x_0)$ と表されます[1]。

　商品の数量のすべての値で支払意志関数 $V(x)$ が微分可能なとき、限界支払意志も変数 x の関数として扱えます。この関数 $V'(x)$ のグラフが**図 3-5** に見られるような切れ目のない曲線として描けるとするのが、連続な値で測られる商品に関する需要供給分析の、標準的な仮定だというわけです。消費者行動の第二の基本的想定である限界支払意志逓減は、商品の数量 x における微分係数の値 $V'(x)$ が x の増加につれて低下して、この図のようにグラフが右下がりになることとして表現されます。

　こうして消費者の限界支払意志は、右下がりで連続なグラフで表されること

1）ここで、「限界（Marginal）」という言葉についてもう少し説明しておくと、もとは「端の」、「ふちの」、「境界の」といった意味の形容詞です。ここから転じて経済学では、「ある値を出発点にした少しの（端だけで起こる）増加による変化」という意味で使うのです。日常で使う「もう限界です」は、耐えられる状態の端に自分がいるといった意味で使われているわけです。

図 3-5

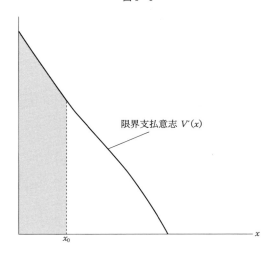

限界支払意志 $V'(x)$

になりますが、このグラフと支払意志の値の間には、前節で見た離散的な数量でのモデルと同様の関係が成り立ちます。つまり、各購入量での支払意志の金額は 0 単位からその購入量までの各単位の購入の限界支払意志の合計になります。言い換えればある数量に対する支払意志は、0 からその数量までの範囲の、限界支払意志のグラフの下側の面積に一致するのです。ただしここでは数量が連続的ですので、各購入量での限界支払意志の合計は積分で求められることになります。このことは、商品の入手量がゼロのときは消費者がお金を支払おうとしないので $V(0) = 0$ であることに注意して、**微分積分学の第一基本定理**を用いて示すことができます[2]。例えば図 3-5 の x_0 においては $V(x_0) = V(x_0) - V(0) = \int_0^{x_0} V'(t)dt$ という式が成り立つわけです。影を付けた面積が x_0 についての支払用意の値です。

本節で述べてきた消費者行動モデルについては、消費者が連続的な商品の数量の細かい変化に応じて支払意志を決められるとすることが既に相当に厳しい要求であるのに、さらにいろいろと要求を追加したものを消費者の行動原理だ

---

2) 微分積分学の第一基本定理についての解説は、付録をご覧ください。

図 3-6

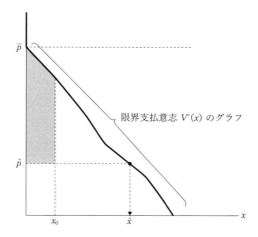

と考えることに疑問を感じるかもしれません。けれども、これ以降の各章で示していくように、こうした仮定を置くことで様々な分析で明確な結果が得られるようになるのです。連続な数量で測られる商品を用いたモデルを用いることの目的は、現実との対応関係が若干あいまいになるとしても、はっきりした結果を得ることで多くの予測の形成を促進することにあります。

　明確な結果が得られるようになる例として、商品が一定の単価で購入できる場合の消費者の購入量決定を見ていきましょう。ある消費者の限界支払意志のグラフが**図 3-6**のようなものだとします。一定の単価を$\hat{p}$とすると、例えばx_0だけの商品を購入したときの支払意志の金額は限界支払意志のグラフの下側の0からx_0までの面積になり、支払額を引いた消費者余剰は、図の色を塗った面積になります。こうした消費者余剰は購入量を$\hat{x}$まで増やすにつれて増加していき、それを超えると逆に減っていくことがわかります。消費者は消費者余剰を最大にする購入量を選ぶという想定から、$\hat{p}$に対してこの消費者は、$V'(\hat{x}) = \hat{p}$という等式を満たす購入量$\hat{x}$を選ぶことがわかります。こうして一定の単価に対して消費者が選ぶ購入量を、限界支払意志と単価の均等という等式一つで表せるようになるのです。

　単価を上げていくにつれて、この等式を満たす数量は限界支払意志曲線に沿

図 3-7

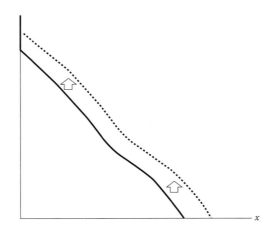

って減少していきます。これより限界支払意志曲線が、消費者の購入量と単価の関係を表すものになっていることがわかります。ただし変数としているのは価格なので、数量を表す横軸から限界支払意志の値を定める本来の読み方と逆に、縦軸に採った価格を変数と見て、これに限界支払意志が等しくなる数量を定めるグラフとして読むことになります。単価が $\bar{p}$ 以上になれば、どんな数量の購入でも支払額が支払意志以上になるので、購入量はゼロになります。以上のことから、一定の単価に対するこの消費者の購入量を表すグラフは、縦軸を変数である価格の軸として限界支払意志のグラフをなぞった図の太線になります。これは価格の各水準に対して消費者の購入量を決める関数のグラフであり、この消費者の**需要曲線**と呼ばれます。こうして限界支払意志のグラフという一枚の図から、先に述べたように支払意志の金額という消費者の利益にさかのぼることができるのと同時に、提示された単価に対する購入量という、消費者の行動についての議論に進むことも可能なのです。

　消費者の限界支払意志の増加は、商品の追加的な入手のために支払ってもよい金額の上昇を意味します。ですからこれを購入意欲の増大と表現してもよいでしょう。このとき限界支払意志のグラフは**図 3-7**の点線のように上方に移動しますから、消費者の需要曲線も変化します。図からわかるように、その変

化は、単価の各水準で消費者が需要しようとする商品の量を増やすものになります。

　次章からの議論では、商品の数量が離散的に測られる場合の消費者行動モデルと連続的に測られる場合のそれを、目的に応じて適宜使い分けていくことになります。

第 4 章

市場の一時的均衡

4.1 超短期の市場取引

　需要供給分析の重要な発想として、価格と取引量が市場において調整されていく過程を明らかにするために、考察する期間の長さを基準にして場合分けを行うという考え方があります。これは、生産・販売を行う側が需要の動きにどの程度対応可能であるかは調整にかけられる時間の長さによって異なってくるという点に着目したものです。例えば青果物の産地での生産、さらに出荷と輸送までの時間を考えれば、期間を1日ないし数日程度に限って考えたとき、市場へ入荷した商品の量を追加的に増やすことは難しいでしょう。また劣化が早い商品なので在庫も難しく、商品を市場から引き上げて後日売るという選択は望ましいものではありません。現実の中央卸売市場の場合には同様の市場が複数ありますから、市場間の転送による調整という可能性もありますが、全国規模で見れば改善策にはなっても解決策にはならないでしょう。このように、市場における売り手の販売希望量（**供給量**）が、価格に反応する余地がなくほぼ一定になっているような非常に短い期間のことを、需要供給分析では**超短期**と呼びます。

　取引原則どおりに運営されている農水産物の中央卸売市場を考えると、市場内に運び込まれた大量の商品がその日のうちに競り売りによって価格をつけられ、販売されていきます。この即日の取引は超短期にほぼ対応するものと考えてよいでしょう。超短期の市場における価格と販売量がこのような方式で決定されるとすれば、それはどのようなものになるでしょうか。商品の数量が離散

的に測られる場合の消費者モデルを用いて考えてみましょう。

　競り売りには様々な方式があって、農水産物に限っても商品の違いなどにより異なった方式が用いられています。その違いが取引の結果にどのように影響するかは、経済学の重要な研究課題の一つなのですが、ここでは次のような代表的な方式に沿って説明していきましょう。

① 競売人が買い手たちに向かって商品の単価を提示していく。
② そのたびに買い手たちは、（提示された単価での購入を前提としたときに）希望する購入量、すなわち需要量を表明する。
③ 最初は非常に低い単価（場合によってはゼロ）から始め、需要量の合計が商品の量を上回る限り、提示単価を徐々に上げていく。
④ 競売人が新たに提示する（以前より高い）単価に対して、買い手は以前より大きい需要量を回答することはできない。
⑤ 需要量の合計が商品の量を最初に上回らなくなった単価で取引が成立し、そのとき表明していた需要量に従って、買い手に商品が引き渡される。

　さて、このような競り売りのルールの中で、買い手が提示される単価に対しその都度自分の需要量を正直に表明するものとしましょう（正直に伝えるとは限らないという問題については次節で論じます）。前章で説明した限界支払意志のグラフを用いれば、それがどのような値になるかわかります。単価を提示されて需要量を尋ねられるということは「その単価で好きなだけ買えるとしたら何個欲しいですか」という質問に答えることですので、図3-3を用いて行った議論をそのまま使えるからです。

　需要量を合計した値を求めるには、買い手たちの限界支払意志のグラフを「横に加えた」グラフを考えるのが便利です。買い手が二人しかいない場合なら、これは図4-1の右端の図のように、二人の追加的購入ごとの評価額を高い順に並べていく操作を行うことを意味します。こうして提示された単価の各水準において、二人合わせた需要量が表せます。例えば単価として図のpを提示されたとすると、買い手Aの需要量は限界支払意志がpを上回る2単位、買い手Bでは同じ条件を満たす3単位になります。このとき、右端の図に作図されたグラフで限界支払意志がpを上回っている5単位が、二人合わせた需要量に一致するわけです。

図 4-1

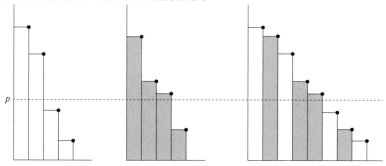

買い手 A の限界支払意志　買い手 B の限界支払意志

　取引に参加している全ての買い手の限界支払意志のグラフを横に加えることで、**図 4-2** のような集計された限界支払意志のグラフが得られたとしましょう。これは全ての買い手を合わせた中で評価額の高い順に追加的購入を並べていったグラフになっています。このグラフを縦軸のほうから読めば、ある単価が提示されたときに買い手全体が希望する購入量の（正直な）値が求められます。これを**市場需要曲線**と呼びます。さらにこれに重ね合わせて、現在入荷している商品の数量 Q の値を表す太い垂線を引きましょう。これは（超短期の）**市場供給曲線**と呼ばれます。今日その日という極めて短い期間において市場に供給される商品の数量はどのような単価が付いても現在の入荷量から変わることはないことを、その形状は表現しています。

　全ての買い手が自分の需要量を正直に伝えていくとき、単価がその評価額以上になった追加的購入の順に、買い手は各々の需要量を減らしていくことになります。よって毎回の提示価格の上げ幅が十分に小さければ、$Q+1$ 番目に評価額が高い追加的購入の、その評価額 P_T に（ほぼ）等しい価格が提示されたところで競り売りの終了となることが、この図からわかるでしょう。こうして決まった単価 P_T で、各買い手は自分の需要量どおりの購入を行います。需要供給分析が超短期において市場で成立すると考える商品の価格と各買い手の取引量は、このようなものです。この取引の結果は**市場の一時的均衡**と呼ばれ、

図 4-2

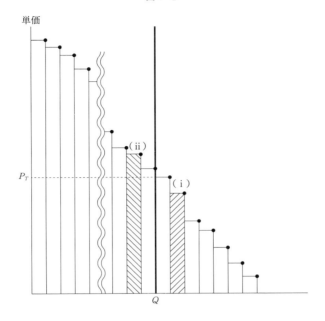

単価 P_T は**一時的均衡価格**（または**市場価格**）と呼ばれます。

　この取引の結果に関して重要な点は、需要が満たされていく順序が評価額の大きい追加的購入の順になることです。つまり一時的均衡は

- 買い手の需要量の合計が市場に入荷している商品の量に等しくなる水準に均衡価格が決まる
- 均衡価格より限界支払意志の値が高い購入だけが実現する。

という二つの特徴を持つと言えます。買い手の支払意志の金額は手に入った商品の限界支払意志の合計額になりますから、商品がこのようなかたちで消費者間に配分されるとき、現在市場にある商品に対して買い手たちが支払っても良いと考える支払意志の金額の合計は最大になります。この点を確認するために、仮に図 4-2 で限界支払意志の値の大きさの順に商品が配分されず、図の (ii) の追加的購入の実現に用いられる商品が、代わりに (i) の追加的購入に使われたとしましょう。斜線をつけた長方形の比較からわかるように、(ii) の追加

的購入の商品を得るはずだった買い手の支払意志の減少は(i)の追加的購入の商品を得た買い手の支払意志の増加を上回りますから、支払意志の合計額は低下してしまいます。商品が限界支払意志の大きさの順に配分されない場合には、このような支払意志の合計額の低下が発生します。

一定量の商品を、それに対する支払意志の合計額が最大になるように買い手の間に配分するとき、商品の**効率的配分**が実現されたと言います（第10章で詳しく説明します）。この言葉を用いれば、市場の一時的均衡で行われる取引は、超短期において与えられた一定数量の商品を、買い手の間に効率的に配分するものになるわけです。

このような効率的配分を実現する上で、図4-2に描かれた市場需要曲線や市場供給曲線の形状を参加者が知っている必要はない点に注意してください。必要なのは、決められた競り売りのルールの中で、買い手が自分の需要量を正直に表明することだけです。買い手も競売人も、買い手全体の支払意志に関する情報をあらかじめ持っている必要はありませんし、競り売りの過程でそのような情報を収集しなくても問題ありません。競りの結果決まった価格で、買い手の需要量どおりの取引を行うだけです。日々変動している市場全体の条件について誰もが不十分な情報しか持たないことを前提として、市場取引の過程を通じて効率的配分を実現する価格が発見されることを示そうとするのが、需要供給分析の超短期の理論なのです。

4.2 買い手による価格操作の誘因

前節で概要を述べた需要供給分析の超短期の理論では、提示される単価に対して、買い手たちが需要量を正直に表明することを前提していました。けれども、これは単純に仮定して済ませられるようなものではありません。市場における価格の決定という、需要供給分析が説明しようとする問題の根本に関わる話ですし、しかも以下で見るように、一般的には買い手が正直に申告しないかもしれない十分な理由があるからです。

競り売りに参加する買い手たちは、当然そのルールを理解しているはずです。競り売りの過程で単価を提示されるとき、自分たちの表明する需要量の合

図 4-3

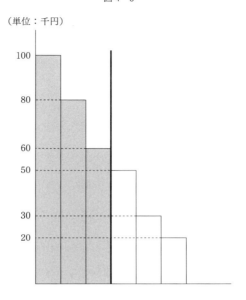

計次第では、改めて別の単価が提示されることを知っています。現在の単価のまま実際の取引が行われると単純に考えるはずがありません。つまり自分たちの申告した需要の合計量から価格へのフィードバックが働くことを知っているのです。ですから、実際とは異なる需要量を表明することで自分の消費者余剰を増やす価格操作が行えるならば、買い手は正直な申告を行おうとはしないでしょう。

　この問題を説明するために、**図 4-3** のような、買い手が二人しかいない極端な例を考えてみます。色を塗ってある棒グラフは買い手 A の限界支払意志（追加的購入の評価）を表し、色を塗っていない棒グラフは買い手 B のそれを表すとします。4 単位目以降の追加的購入の評価は二人とも負になります。この商品の評価は一貫して A のほうが高いという場合を考えているわけです。買い手は他の買い手の支払意志について十分な情報を持たない、というのが需要供給分析の通常の仮定ですが、説明を簡単にするため、この例では両者とも相手の限界支払意志のグラフおよび市場供給曲線を知っているとします（これら

の知識が不十分な場合でも、以下と同様の結果を示すことができます)。市場にある商品は、太線の市場供給曲線で示したように３単位であるとしましょう。このとき、二人の買い手がどちらも需要を正直に表明していくならば、均衡価格は５万円になります。買い手Aが取引から得る消費者余剰は９万円です。

さて、買い手Aはこの結果を競り売りの前に予想できます。さらに、提示される単価が６万円に達するまでの間、自分の正直な需要３単位を伝えずに２単位と過少申告していたらどうなるかも予想できます。その場合には、競売人が単価３万円を提示したところで需要量が３単位になるので、均衡価格は３万円に下がることになります。そしてAの消費者余剰は12万円となって、正直に申告したときより増加するのです。過少申告でAは３単位目の商品を手に入れられなくなりますが、価格低下によって残った２単位への支払額が減少することの利益がその損失を上回るからです。但し、需要を少なく申告すればよいというわけでもありません。もっと過少な申告として、提示される単価が８万円に達するまでの間、需要を１単位と表明していく場合を考えると、価格は２万円に下がりますが、Aの消費者余剰は８万円で、正直に申告したときより小さくなってしまいます。得られる商品が減ることの損失と価格低下の利益とを比較して、適切な過少申告の程度を見出す必要があるのです。

以上の例からわかるように、実際より少ない需要表明を行うことで均衡価格を操作しようとする誘因を、競り売りに参加する買い手たちは持っています。買い手たちがこうした虚偽表明を行うとき、市場取引が効率的な商品の配分を実現するとは保証できなくなります。図４−３の例で買い手Aが自分の消費者余剰を大きくするための過少申告を行うと、本来ならAが入手したはずの３単位目の商品がBのものになるのでした。これによって失われるAの限界支払意志の金額は、新たに実現するBの限界支払意志の金額を上回っています（図の３番目の高さと４番目の高さの長方形の面積を比較）から、３単位の商品が生み出す支払意志の合計額は最大化されなくなってしまいます。均衡価格が市場需要曲線と超短期の市場供給曲線の交点で決まり、効率的な商品の配分が実現されるという、需要供給分析の超短期の議論を正当化するには、価格操作の誘因を持つはずの買い手たちがどうして正直に需要を表明することになるのかを説明する必要があるのです。

図 4 − 4

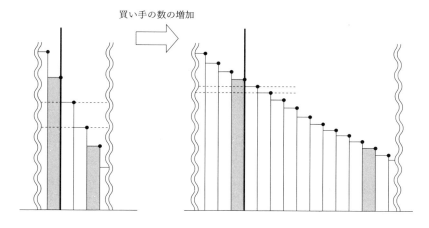

4.3 「小規模な多数の買い手」

　需要供給分析が主にどのような市場を想定しているかについては2.2節で述べました。このうち四番目に述べた、小規模な多数の買い手と売り手が取引を行う市場であるという特徴が、買い手による正直な需要表明を説明するものとなります。いま、非常に多数の小規模な買い手ばかりが取引に参加している場合にどのような効果が生まれるか考えてみましょう。小規模であるというのは、商品の入手単位数があまり大きくならないうちに限界支払意志の値がゼロになってしまうことと解釈できます。また、多数の買い手がいればお互いのことを十分に知るのは難しくなりますから、各々の買い手の他の買い手の支払意志に関する情報は一層不完全なものになっていくと考えてよいでしょう。

　買い手の数の増加が生み出す効果を示したのが**図4−4**の左の図から右の図への変化です。ただし、この変化に伴い市場全体の商品の量も増加し、個別の買い手の規模は相対的に小さくなると考えています。この二つの図について（買い手たちが正直に需要を表明した場合に得られる）市場需要曲線と市場供給曲線を比較してみましょう。色をつけた長方形は、ある同一の買い手 A の追加的購入の評価を表しています。買い手が増えていくとき、限界支払意志の値はそ

れまでより多様なものになっていくでしょう。すると、これまでと異なる評価の値による追加的購入が加わることにより、需要曲線の高さの変化は次第に小刻みなものになっていきます。個別の買い手の目から見れば、自分とほとんど変わらない評価をする他の買い手が存在する可能性が増加していくわけです。

　図では左右双方の場合で買い手 A の同じ追加的購入が商品の数量の最終単位になっているとしていますが、この 1 単位を過少申告することによって買い手 A が生み出せる均衡価格低下の大きさは、(他の買い手が正直に申告するとして) 点線の幅で示したように縮小していきます。こうして買い手の数が増加していくにつれ、一人の買い手が 1 単位の追加的購入の評価の過少申告で生み出せる価格低下はゼロに近づくことになります。これに加えて商品全体の量に対し買い手が相対的に小規模になっていけば、一人の買い手だけでは、たとえ限界支払意志が正であるような追加的購入全てを過少申告したとしても、価格をほとんど低下させられなくなるでしょう。これが買い手の数の増加によって生まれる一つめの効果です。

　買い手の数の増加はさらにもう一つの効果を持ちます。各々の買い手にとって、他の買い手の限界支払意志のグラフがどのようなものになるか不確かになるので、限界支払意志の値の高い順に全ての買い手の追加的購入を並べた市場需要曲線に関する正確な予想が困難になるのです。各々の買い手は小規模なのに市場で取引される商品の数量の方は大きいという場合、自分の追加的購入が市場需要曲線上のどの位置に来るのかという問題に関する不確かさは非常に大きなものになるでしょう。個別の買い手から見ると、市場需要曲線を構成する追加的購入のほとんど全てが他人のもので、その中に自分のわずかの購入がばらまかれる形になるからです。図 4−4 では買い手 A の追加的購入に影をつけて、この効果を示しています。

　これに加えて市場需要曲線自体の形状も不確かになりますから、小規模な買い手にとって、自分の過少申告による均衡価格や商品入手量への影響を予想するのは非常に難しくなるでしょう。前節で見たように、間違った過少申告は消費者余剰をかえって低下させてしまうのでしたが、こうした不確かさはその可能性を大きくします。図 4−5 の左右二つの図で、どちらにおいても色を付けた追加的購入が買い手 A のものだとし、その限界支払意志が正の値になるの

図4-5

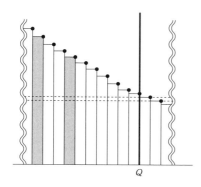
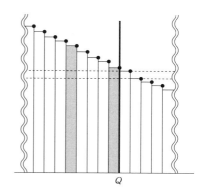

はこの二単位分だけだとしましょう。この人は、これら自分の追加的購入以外については、左右どちらの図の市場需要曲線と出荷量が実際の市場の状況であるかわからないとします。もしも現実が右側の図であるなら、二単位目の追加的購入を過少申告することで消費者余剰を増やすのに十分な価格低下が生じます。しかし左側の図であればそこまでの低下は起こらず消費者余剰は減少してしまいます。後者の場合での失敗を避けるには、提示される価格が二単位目の追加的購入の評価額に近くなるまで過少申告を遅らせて、二単位目の購入を犠牲にすることによる損失の大きさを小さくする必要がありますが、それは買い手Aがほぼ正直な申告をすることを意味します。

こうして多数の小規模な買い手による競りでは、個別の買い手の過少申告による価格低下の効果は小さくなり、それが自分の消費者余剰を増やすかどうかも不確かになります。このため、買い手はほぼ正直な申告を行うようになると考えられるのです。市場の取引は需要供給分析の一時的均衡が示すものに近づき、商品は買い手の間にほぼ効率的に配分されるようになるでしょう。ただし以上の議論だけでは、具体的にどこまで買い手の数が増えれば価格操作の問題が（少なくとも無視してかまわない程度に）消えていくのかまでは答えられません。また、価格操作の誘因が残る競り売りでの配分がどのようになるか、その場合にルールをどう変えたら配分を効率的にできるかといった問題も重要です。こうした問題は、近年目ざましい進展を見せている**メカニズム・デザイン**

と呼ばれるミクロ経済学の分野において研究されています。

第 5 章

超短期の均衡分析

5.1 連続量のモデルでの一時的均衡

　第 4 章では市場の一時的均衡に関する需要供給分析を説明しました。そこでは、多数の小規模な売り手と買い手の間の取引によって、
・買い手の需要量の合計が市場に入荷している商品の量に等しくなる水準に均衡価格が決まる、
・均衡価格より限界支払意志の値が高い購入だけが実現する、
という結論が得られました。このような一時的均衡は、様々な要因の影響によって常に変動していると考えられます。買い手一人一人は毎日同じ商品を同じだけ買うわけではありません。その日の気分やたまたま耳に挟んだ情報などによっても需要量は変化するでしょう。また日々の商品の入荷量も、天候や交通事情による輸送などへの影響で変動するかもしれません。そしてもちろん、売り手たちが商品の生産量を変更していくにつれて入荷量は増減します。この章の前半では、そうした変化が日々の市場取引にどのように反映されるか、需要供給分析を用いて考えることにします。観察可能な条件の変化が経済モデルの均衡をどのように変化させるかを分析することによって予測を導くことを、経済学では**比較静学**と言います。ここで説明しようとする内容は、需要供給分析による超短期の比較静学というわけです。後半では、売り手の生産量の決定との関連で「正常」需要の考え方について説明します。

　「X が上がると Y が上がる（下がる）」といった形の結論を明確に導くことを目指す比較静学にとっては、前章で用いたような商品の量が離散的なモデルよ

図 5-1

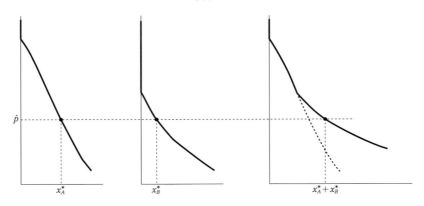

りも連続的に測られるモデルの方が便利です。このため需要供給分析における比較静学では、後者を用いるのが標準的です。そこでまず、商品の数量が連続的に測られるモデルでは市場の一時的均衡がどのように表されるか、説明しておくことにします。

そのための最初のステップは市場需要曲線の導出です。これは、買い手が市場で提示される単価に対しその都度自分の需要量を正直に表明するときの、需要量の合計を表すものでした。商品の数量が連続的な場合であっても、その導き方は離散的な場合と基本的に変わりなく、買い手たちの限界支払意志のグラフを「横に加えた」グラフとして求められます。例えば二人の買い手 A と B を考えてみましょう。提示された単価に対する各々の需要曲線は3.3節の議論を用いて限界支払意志のグラフから導けますから、**図 5-1** の左の図として買い手 A の需要曲線、中央の図として買い手 B の需要曲線を描いてみます。単価 $\hat{p}$ を提示されたとき、A は x_A^*、B は x_B^* の量の商品を需要するので、二人合わせた需要は $x_A^* + x_B^*$ になります。これは提示された単価がどの水準であっても成り立つので、二人合わせた需要量は、右の図のように二人の需要曲線を横に加えたグラフで表せます。

この商品の買い手全員の需要曲線を同様の方法で水平に足し合わせれば、提示された単価のそれぞれに対して市場全体としてどれだけの需要が発生するかを表す曲線、つまり市場需要曲線が得られます。各買い手の需要曲線が連続で

図 5-2

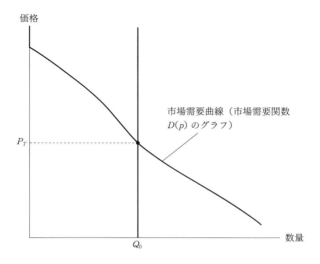

右下がりであることから、これらを水平に加えてできる市場需要曲線も連続で右下がりになります。もとになる個別の買い手の需要曲線と同様、これは縦軸に測った価格 p を変数とする関数のグラフだと考えることができます。この関数を**市場需要関数**と呼び、以下では $D(p)$ と表わします。

　超短期の市場供給曲線として現在市場にある商品の数量 Q_0 を示す垂線を描き、市場需要曲線と重ね合わせたのが**図 5-2** です。競り売りの過程で提示される価格に対し、小規模で多数の買い手が前章で述べたような形で各々の需要量を正直に申告していくとすると、需要曲線と供給曲線の交点で取引単価が決まり、各々の買い手は自分が申告した需要量どおりの商品を購入することになるでしょう。こうして、買い手の需要量の合計が入荷している商品の量に等しくなる水準に、均衡価格 P_T が決まることになります。連続量で測られる商品の一時的均衡価格はいつでも市場需要曲線と入荷量を表わす垂直線の交点で決まり、（入荷量プラス 1 単位目の追加的購入の評価額に左右される）離散的な場合のようなあいまいさは無くなるわけです。

　このとき一人一人の買い手について見ると、均衡価格より限界支払意志の値が高い購入だけが実現しています。例えば図 5-1 の単価 $\hat{p}$ がちょうど均衡価

図 5-3

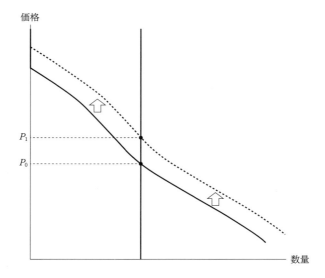

格 P_T の値であるとしたら、均衡で実現する取引において、この価格より限界支払意志の値が高い購入だけを買い手 A、B が行うことは、図から明らかでしょう。ですから買い手全体で考えてみても、均衡価格より限界支払意志の値が高い購入だけが実現していることになります。こうして一時的均衡の二つの特徴の成立を再確認できたわけです。

5.2　超短期の比較静学

　商品の数量が連続的に測られるモデルによる市場の一時的均衡の図が得られたので、需要と供給に影響する様々な要因の日々の変化により一時的均衡がどのように変化するかを見ていきましょう。例えば、たまたまある日のテレビで複数の番組がキャベツ料理を採り上げたとしたら、覚えたレシピを試そうとする人たちの限界支払意志は一日か二日の間増加するでしょう。3.3節で述べたようにこうした人たちのキャベツの需要曲線は上方移動し、その結果全ての買い手の需要曲線を横に加えて得られる市場需要曲線も、図 5-3 の実線から点線の変化で示したように、上方に移動します。商品の入荷量に変化はなかった

図 5-4

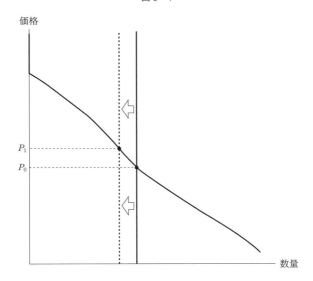

とすると、キャベツの一時的均衡価格は図の P_0 から P_1 に上昇するという変化が起こるわけです。この価格上昇は、番組の影響を受けず限界支払意志に変化がなかった買い手の購入量を減らし、その分の商品が購入意欲の増した人たちの手に渡るように作用します。

次に供給の変化の効果について見ておきましょう。悪天候などで一時的に物流が混乱し、市場への入荷が滞ったとします。市場にある商品の量は**図 5-4** の実線から点線の変化で示したように減少するでしょう。その結果、一時的均衡価格は図の P_0 から P_1 に上昇します。この価格上昇は、買い手の各々が購入しようとしていた商品のうち（限界支払意志の値が低いという意味で）緊急性の低いものの購入をあきらめさせる効果を持ちます。

ここまで考えてきたのは、いずれも（限界支払意志で示される）買い手の購買意欲に対して商品の相対的不足をもたらす変化でした。均衡分析により、こうした変化は一時的均衡価格の上昇によって対応されることが確認できたわけです。そしてこの価格上昇は、商品をより必要性の高い購入に振り向ける効果を持つことがわかります。需要増による価格上昇は、より商品を欲するようになった人たちに商品が渡るようにします。供給減による価格上昇は、各々の買い

手に対し、必要性の高い用途にのみ商品を用いるように促します。これと同様にして、買い手の購買意欲の低下や市場への入荷量増加が起きた場合は、一時的均衡価格の低下によって調整が行われることも確かめることができます。このとき商品は、いままでより必要性の低い用途にまで用いられるようになります。

5.3　「正常」な市場需要曲線

　前節では偶発的な要因による入荷量の変化を考えましたが、市場に入荷する商品の数量は、基本的には商品を生産して出荷する売り手の意思によって決定されるものです。図5-4と同様の図を用いて考えてみると、売り手たちが生産を増やすことにすれば市場に入荷する商品の量が増えて市場価格は下がり、減らすことにすれば入荷量は減って市場価格が上昇することは明らかです。

　ただしこうした決定は、日々の市場取引とは異なる速度と視野のもとで行われることに注意しなければなりません。超短期の市場取引が始まるときには既に商品の出荷は終わっています。商品の生産量を次に変更できるのは、今回の取引における市場価格が決まり商品が購入された後なのです。当期の市場で急に発生した一時的な変化に対応して生産量を変更することはできませんし、その影響が消えた次の期の取引の際に後追いで変更しても手遅れです。そうした日々の偶発的変動に生産は適応できないのです。したがって需要供給分析では、売り手による生産量の決定は日々の偶発的一時的変化を引き起こす要因には影響されないと考えます。前節で見たようにそのような変動は、そのつどの市場の一時的均衡において価格の上下動により調整されることになります。また、こうした価格の上下動が一時的な原因によると考えられるとき、商品の生産・出荷量がこれに反応することもありません。それでは生産量の決定は、どのような要因に影響されるのでしょう。まず挙げられるのが、以下で説明する**「正常」需要**です。

　この章の初めに買い手の需要量は日々変化すると述べましたが、だからと言ってまったく無軌道な動きを示すわけではないでしょう。買い手ごとに支払意志の大きさはある程度安定しており、日々の気分などによる変動はそれに比べ

図 5-5

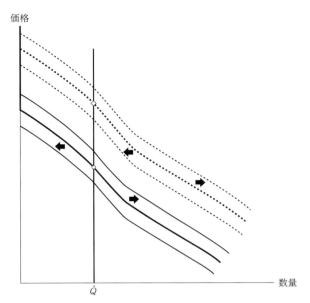

れば副次的な変化だと考えられるからです。そうだとすると、提示された価格に対する需要量も、ある値を中心として偶然的な増減が加わった値として表現できるでしょう。これらの需要を合計して得られる市場需要の場合、異なる個人の偶然的な変動は互いに打ち消し合いますから、その影響はさらに小さくなります。需要供給分析では、日々変動する市場需要の中心となるこのような安定した値のことを「正常」需要と呼びます。

　以上の議論は**図5-5**のように整理できます。細い実線で描かれているのは超短期の市場需要曲線です。これは黒い矢印が示すように様々な偶然的要因により日々変動しています。しかし、その変動は太線で描いた曲線を中心としたものであり、この曲線自身は一定の長さ（数か月から数年程度）の期間変化することはないのです。これを「正常」な市場需要曲線と呼ぶことができるでしょう。

　「正常」需要は一定期間を通じて持続する需要なので、これに対しては生産量を適応させることが可能です。売り手の目的が商品の販売から利益を得ることであるならば、「正常」需要の変化によって大きな利益が見込めるようにな

第 5 章　超短期の均衡分析 | 049

ることは生産・出荷量を増やす動機になります。例えば図5-5がレタスの市場に関するものだとして、キャベツの深刻な病害の発生により一、二年にわたるその生産減とキャベツ価格の上昇が生じることになったとしましょう。多くの人は高くなったキャベツの代用品としてレタスを高く評価するようになり、その結果レタスの「正常」需要は増加します。「正常」市場需要曲線は太い点線のように上方に移動するでしょう。このとき市場への出荷量が$\hat{Q}$で一定のままであれば、超短期の変動による価格の変動をならした価格（$\hat{Q}$に対する**「正常」な需要価格**）は、○から◇まで上昇します。生産量の調整が間に合うような期間において、平均的な価格水準の上昇が期待できるわけです。各々の売り手はこれまでより大きな利益を見込むようになり、生産増加の誘因が生まれることになります。

　けれども、売り手が価格上昇を期待して生産量を増やすと言っても、「採算を度外視して」までそれを行うとは考えられません。商品の生産（および輸送）には費用がかかります。売り手の利益は販売収入からこうした費用を差し引いたものですから、生産量の決定は価格ばかりではなく費用も勘案しながら行われるはずです。売り手による商品の生産・出荷量決定の問題の全体像を考えるには、その準備として費用に関する分析の枠組みが必要になるのです。次の章では売り手の費用に関する説明を行いましょう。

　以下の章では、売り手の生産の決定まで取り入れた需要供給分析が行われることになります。その際、売り手の意思決定については、**利益を計算するときの需要の値として「正常」需要を用いる**という仮定が置かれます。生産を適応させることが困難な超短期の要因による需要の偶然的変動は考慮せず、一定期間を通じて平均的に得られる「正常」需要から計算される利益を目標にして生産の決定を行うと考えるわけです。これより、市場に一定の量の商品が入荷したときに決まる価格についても、売り手が考慮しているのは「正常」な需要価格だということになります。ですから、以下の章で市場需要曲線が描かれているときは、それは「正常」な市場需要曲線であると考えてください。また、簡単化のために入荷量の偶然的な変動の「正常」な値はゼロであると仮定します。つまり、平均してみれば売り手が出荷した通りの量の商品が入荷すると考えるわけです。

第 6 章
費用の分析

6.1 機会費用

　経済学が費用について議論するとき強調する点の一つは、ある活動に費やされる費用を計算しようとするとき、単純に支払ったお金の総額として考えては間違うということです。例えばあなたが家族のためにバースデイケーキを作るとしましょう。このときケーキ作成にかかる費用を、原材料とロウソクへの支出額だけだと考えてはいけません。ケーキ作りのためにあなた自身が何時間かの労力を費やすはずです。その時間を使ってアルバイトをしていたら、なにがしかの収入が得られていたでしょう。その機会を犠牲にしたのだから、得られたはずのバイト代もケーキ作成の費用に含めるべきなのです。原材料価格が千円で、バースデイケーキの完成品の価格が3千円だと想像してください。ケーキを作る日に日給1万円の（ブラックではない）アルバイトの話を紹介されたら、手作りケーキを食べさせたいという気持ちはあっても、完成品を買ってアルバイトすることを考えないでしょうか。この判断は、自分で作るよりも完成品を買った方が安く済むという判断として理解できます。ケーキ作成の費用は支出するお金だけではないとは、そういうことです。

　ある活動を行うために自分の所有物（資金、財産、労働時間等）を用いるとき、これ以外の用い方をすれば得られたはずの収入のことを**機会費用**と言います。そうした機会が失われたことで、あきらめざるを得ないお金だからです。ケーキ作成の機会費用は、原材料を買わなければ手元に残った（得られた）はずの購入資金と、ケーキ作りに時間を使うことで失われた収入の、合計額になるわ

けです。経済活動にかかる費用を正しく理解しようとするなら、機会費用で考える必要があります。自分の所有するマンションの一室を事務所として使っていたら、お金の支払いは生じませんが只ではありません。農家や個人商店が妻や息子に手伝いをしてもらったら、給料を払わなくても只ではありません。日常生活の中で機会費用を厳密に測ることは難しいですが、意識していることで様々な無駄を減らすことができます。また、こうした機会費用の考え方は次節で述べる固定費用に関する議論を理解するうえで重要です。経済学で「費用」という言葉を用いるときは、常に機会費用を指しています。

6.2　固定費用と可変費用

　第2章で述べたとおり、需要供給分析では商品の売り手と生産者を厳密には区別しないので、商品の仕分けや標準化など流通の機能に係わる費用も明示的には考慮しないのが通例です。そこで売り手の費用として考えるのは、主に生産と物流の費用ということになります。これでもまだ使用される財やサービス、すなわち投入には様々なものが考えられるわけですが、その投入量が必要に応じて自由に調整可能なものかどうかという区別は生産の意思決定の際に重要です。これに対応して、費用も二種類に分けられることになります。

　投入量の調整が難しいものの典型的な例は、生産や販売の場所として必要になる土地や、集荷用の倉庫や作業機械などの設備です。正確に言えば投入として用いるのは土地や設備自身ではなくそれらが生み出すサービスなのですが、一体化していて切り離せないため、こうした（有形）固定資産の形で手元において利用するしかありません。サービスとして考えればまとめ買いをするしかないわけです。そのうえ固定資産に関する取引は、購入するにせよ借りるにせよ、簡単ではありません。土地や設備などが有する特徴は複雑で多岐にわたるので、一目で全容を理解することは難しく、使い方の巧拙によって得られるサービスの質も変わってきます。そのため、自分にとってどれだけ有益なサービスを生んでくれるかを確認し評価する時間が必要です。場合によっては利用を開始してからも使い方を学び改善していく時間が必要になるかもしれません。生産と販売を拡大したいというとき、こうした固定資産と一体化したサービス

を直ちに増加させることには無理があるのです。逆に生産を減らそうとする場合にも、これまで使用してきて内実のわかっている固定資産を簡単に手放すことはできません。再び増やそうとするときに一からやり直しになってしまうからです。

　こうした調整の困難から生産量の変動と関係なく固定資産（からの投入）を一定水準に維持することになるとき、そのためにかかる費用も実際の生産量とかかわりなく一定になります。レンタル倉庫のように固定資産を借りて使用している場合なら、契約を継続していくための賃貸料が一定額ずつかかります。固定資産を購入した場合はそれ以降にお金の支払いが発生することはありませんが、前節で述べた機会費用の形で費用がかかります。例えば、ある設備を（前述のような理由で簡単には手放せないものですが売れないわけではないので）いますぐ売ったとすれば1,000万円になるのに1カ月使用してから売ると995万円でしか売れないとすれば、その差額の5万円は今月かかった費用になります。さらに、今月のうちに売却したら入手できた1,000万円は金融市場で運用できたはずですから、その1カ月間の運用益も費用に加算されます。こうして固定資本を保有することの費用が計算できますが、これも賃貸料と同様に生産量の大きさには影響されません。

　一般に、生産量と独立に常に一定額かかる費用のことを**固定費用**と言います。固定資産と一体化した投入にかかる費用は、固定費用になっているわけです。長期契約で雇われている常勤労働者の給与も固定費用ということになりますが、そうなる理由も似ています。そのような労働者に期待されるサービスの用途は定型化されておらず、自律的判断を伴う部分が大きいのが通例です。求められる能力の確認と評価は簡単ではありませんし、仕事をしていくなかで身に付けてもらう必要がある場合も少なくないでしょう。さらに見逃してはいけないのが、売り手自身の機会費用です。売り手は様々な固定資本と常勤労働者を抱えていますから、現時点ではこの商品の生産から離れることができません。そのために他の事業を行っていたら得られたはずの利益を手に入れられない状態にあります。ですからこの金額も、生産量と無関係にかかる固定費用の一部となるのです。

　ここまでは調整を柔軟に行うことが難しい投入について述べてきましたが、

他方で原材料などの多くに関しては必要に応じて随時購入していくことが可能です。定型化された作業のために短期間だけ雇われる臨時雇いの労働者のサービスも、どちらかと言えばこうしたスムーズな調整が可能な「可変的」投入に含められるでしょう。生産量をすぐに増やしたいという場合、こうした投入量の変更が容易なタイプの投入を増やすことで生産者は対応し、それらへの支払額が増加します。生産量の増加とともに増加する費用を**可変費用**と呼びます。調達が容易で投入量が随時変更可能な財・サービスへの支払いは、可変費用だということになります。

こうして売り手の商品の生産量決定において考慮される費用は、固定費用と可変費用という二つの部分に区別することができます。費用（Cost）、可変費用（Variable Cost）、固定費用（Fixed Cost）の原語の頭文字を使った記号でこれらの値を表すことにすると、$C = VC + FC$ という等式が得られます。この売り手の生産量を q で表すことにしましょう。生産量を増やそうとすれば可変費用が増えますから、VC は生産量 q の関数になります。このとき、全体の費用も増えることから C も q の関数です。これより先ほどの等式は、

$$C(q) = VC(q) + FC$$

という関数の間の等式と言えます。FC は q の値が変わっても一定の値のままです。また、随時投入量を変更できる財・サービスについては、生産量をゼロにしたい場合に投入量をゼロにできますから、生産量ゼロでの可変費用の値はゼロ、$VC(0) = 0$ です。ですから $C(0) = FC$ になります。費用に関する分析は、このようにして費用関数がどのような特徴を持つか調べていくというやり方で進められます。

6.3 平均費用と限界費用

費用関数の特徴づけを行うときに重要な役割を果たすのが平均費用と限界費用という概念です。**平均費用**とは、その名のとおり生産量1単位当たりの費用です。つまり、正の生産量の各水準 $q > 0$ において平均費用は $\frac{C(q)}{q}$ という値になります。ですから、これもまた生産量の関数になります。原語（Average

Cost）の頭文字から $AC(q)$ などとも表します。前節で見た等式から、平均費用は平均可変費用と平均固定費用の和になります。

$$\frac{C(q)}{q} = \frac{VC(q)}{q} + \frac{FC}{q}$$

右辺第一項の**平均可変費用**は、原語（Average Variable Cost）から $AVC(q)$ とも書きます。右辺第二項の**平均固定費用**は生産量が増えるにつれて低下する一方、生産量がゼロに近づくにつれて限りなく大きくなっていきます。生産量がゼロの場合に平均費用の値は定義できませんが、いま述べた平均固定費用の性質から、生産量がゼロに近づくにつれて平均費用が限りなく大きくなっていくことがわかります。

次に**限界費用**ですが、これは各生産量における生産の変化1単位当たりの費用の変化の大きさを示す値です。同じく限界という言葉を付された限界支払意志が（いま考えているのと同様に商品が連続的な値で測られる場合に）支払意志関数の微分係数であったように、限界費用は費用関数の微分係数になります。生産量がある値 q_0 から出発して h だけ変化するとき、その変化1単位当たりの費用の変化は平均変化率 $\dfrac{C(q_0+h)-C(q_0)}{h}$ で表せます。そこで生産量の変化 h の大きさを小さくして行ったときにこの平均変化率が近づく値が一つに定まるとき（つまり関数 $C(q)$ が q_0 で微分可能なとき）、その値

$$\lim_{h \to 0} \frac{C(q_0+h)-C(q_0)}{h} = C'(q_0)$$

を生産量 q_0 における限界費用と定義するのです。商品の数量のすべての値で費用関数 $C(q)$ が微分可能なとき、限界費用は変数 q の関数になります。限界支払意志の場合と同様、この関数 $C'(q)$ のグラフが切れ目のない曲線として描けるとするのが、需要供給分析の標準的な仮定です。この関数 $C'(q)$ を原語（Marginal Cost）にちなんで $MC(q)$ と表したりもします。なお、$C(q_0+h)-C(q_0)$ $= VC(q_0+h)+FC-VC(q_0)-FC = VC(q_0+h)-VC(q_0)$ という等式に注意すれば、費用の平均変化率と可変費用の平均変化率が一致することがわかります。ですから、限界費用は可変費用関数の微分にもなっているわけです。

限界費用のグラフについては、生産に関して広く成り立つ以下のような議論によって、通常は右上がりになると考えられています。商品の生産を行う際に

は、それを最も安上がりに実行するための、投入の間の適正な比率があるはずです。けれどもすでに述べたように、生産量を増やしていくときに固定費用の原因である「固定的」な投入を増加させることは難しいため、「可変的」な投入だけを増やして対応することになるのでした。このようなやり方で生産量を増やしていけば、投入される財・サービスは次第に「可変的」なものに偏っていきます。こうして、生産量を増やすほど投入の比率が適正な比率から離れていってしまうため、限界費用は上昇していくと考えられるのです。

　素朴な例としてよく挙げられるのは、一定の面積の畑での作物生産です。種や肥料、人手などの可変的な投入を増やすことで生産量を増やしていくことはできます。しかし投下する土地の広さが元のままなら、これらの投入を一定の増加幅で増やしていくときの収穫の増え方が次第に低下していくことは、常識的に考えても明らかでしょう。逆に言えば、同じペースで生産を増やしていこうとすれば、「可変的」な投入の増加のペースを上げていかねばならないということです。このとき可変費用の増加の程度は大きくなり、それは費用全体の増加の程度も上昇させますから、生産の増加1単位当たりの費用の増加額である限界費用の値は上昇するでしょう。このように生産量の増加につれて限界費用が増えていくことを、**限界費用逓増**と言います。

　生産技術の内容によっては、生産量がある水準に達するまで限界費用が一定になる可能性もあります。これは、当初にひとまとめに購入した「固定的」な投入の大きさに比べて生産量が少なすぎるという場合が起こり得るからです。こういうときは「固定的」な投入に偏った生産が行われそうに思えますが、必ずしもそうはなりません。多すぎて困るというなら一部だけを使えばよいからです。作物生産の例に戻れば、生産量が少なく種や肥料をあまり使わないときに、畑の全てを耕す必要はありません。生産量の増加につれて、種や肥料との間で適正な比率を維持しながら耕地を拡げていくことができますから、一部の投入に偏った生産を（「固定的」な投入が不足する生産量に達するまでは）行わずに限界費用一定のまま生産を拡大していけるわけです。限界費用が最初から逓増するとしても、ある生産量まで一定であるとしても、以下の議論の多くに違いは生まれませんから、これ以降は特に断りのない限り**限界費用は最初から逓増する**と仮定することにします。

図 6 - 1

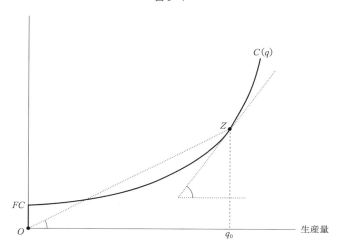

　限界費用の値が費用のグラフの微分係数、つまり接線の傾きの大きさであることに注意すると、ここから考える費用関数は**図 6 - 1** のような形状をしていることになります。点 Z における接線の傾きの大きさは生産量 q_0 での限界費用の値、原点 O と Z を結ぶ直線の傾きは生産量 q_0 での平均費用の値を表します。

6.4　平均費用曲線と限界費用曲線

　次章で説明しますが、売り手の行動について考えていくときに、平均費用のグラフ（**平均費用曲線**）と限界費用のグラフ（**限界費用曲線**）の概形を描くことは大きな助けになります。けれどもこれら二つの費用概念の間には、その定義から直接導かれる以下のような数学的な関係があるので、それが成り立つように注意して描かねばなりません。

平均費用と限界費用の基本的関係：*費用関数 $C(q)$ について、ある生産量 q で平均費用が限界費用を上回っている、つまり $AC(q) > MC(q)$ なら、ここで平*

図6-2

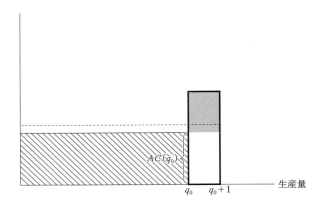

均費用曲線は右下がりである。逆に $AC(q) < MC(q)$ のように平均費用が限界費用を下回っているなら、右上がりである。$AC(q) = MC(q)$ となる生産量では、平均費用曲線の傾きは平らになる。

　これは数学的な性質なので、費用に限らず平均の値と限界の値の間では必ず成り立ちます。例えば私が大学の期末試験で学生の答案を採点しているとします。99人まで採点して平均点が70点だったとしましょう。つまり、ここまでの学生の得点の合計は $70 \times 99 = 6930$ 点になっています。ここで次の学生、言い換えれば「限界的」な学生である100人目の得点が70点なら、平均点は70点のままで変化しません。けれども50点だったとしたら、平均点は69.8に低下しますし、90点だったら70.2に上昇することが確認できます。

　何が起きているかを費用関数の話として見ることにしましょう。ただし、連続量だと微分の少し面倒な話になってしまう部分があるので、離散的な話として考えます。費用関数 $C(q)$ の q_0 での平均費用 $AC(q_0)$ が図6-2の横軸上の q_0 の値での高さで示されたものだったとします。すると、この生産量での費用 $C(q_0)$ は斜線を入れた長方形の面積で表せます。限界費用 $MC(q_0)$ を生産量の1単位増加による費用の増加と見ることにして、これが図の太枠の長方形の高さの値だとしましょう。この長方形は底辺の長さが1ですから、限界費用は平

均費用より陰をつけた長方形の面積分だけ大きいとも言えます。生産量が q_0+1 のときの費用は斜線の面積と太枠の面積の合計ですから、平均費用はこの面積を q_0+1 の面積に等しく割り振ったものになります。このとき影を付けた面積分の値が均等に割り振られる結果として、平均費用は点線のように上昇するわけです。限界費用が平均費用より小さい場合、等しい場合についても、同様の図によって上に述べた基本的関係通りの結果が成り立つことを確認できます。

　図6-2から、もう一つ重要な結果が確認できます。限界費用が平均費用より大きい場合に生じる平均費用の上昇の幅ですが、当初の平均費用と限界費用の差を全生産量に均等に割り振った値になりますから、この差の値自体より小さくなります。つまり $AC(q_0+1) < MC(q_0)$ となって、上昇後の平均費用の値は当初の限界費用の値より必ず小さくなるのです。限界費用が逓増ないし一定なら $AC(q_0+1) < MC(q_0) \leq MC(q_0+1)$ になりますから q_0+1 単位についても限界費用は平均費用より大きくなります。したがって限界費用が一定ないし逓増である限り、いったん平均費用の値より限界費用の値がおおきくなったら、ふたたび平均費用が限界費用を上回ることはないのです。

　ここまでの議論から、図6-1のように限界費用が逓増するときの限界費用曲線と平均費用曲線の概形は**図6-3**のようなものになるはずです。この点を確認しておきましょう。限界費用曲線は前節の議論により右上がりです。また、生産量がゼロに近いときの平均費用の値は非常に大きなものになるのでしたから、生産量が少ない間は平均費用の値は限界費用より大きくなります。このような生産量での平均費用曲線は前述の基本的関係によって右下がりです。しかし、限界費用曲線が右上がりならば、増加していく限界費用と減少していく平均費用は、どこかの生産量（図では q^*）で必ず等しくなります。ここで平均費用曲線の傾きは平らになります。限界費用曲線はこの平均費用曲線を下から上に横切りますから、この生産量から限界費用が平均費用を上回るようになり、平均費用曲線は右上がりに転じます。こうなってから平均費用が限界費用を上回ることは無いので、こうした生産量の範囲では、平均費用曲線は限界費用曲線の下を通る右上がりのグラフになります。以上をまとめると平均費用曲線は、その底となる点で限界費用曲線と交差する、U字型のグラフになるの

図6-3

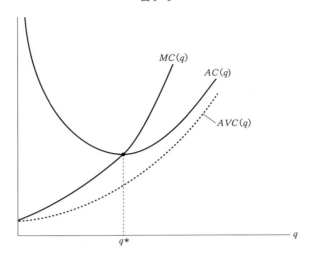

です。

　平均可変費用のグラフ（平均可変費用曲線）がどのような形になるかについては、図の点線が示しています。先に述べたように限界費用は費用関数の微分であると同時に可変費用関数の微分でもあります。ですから、平均費用と限界費用の基本的関係と同様の基本的関係が、平均可変費用と限界費用の間でも成り立ちます。さらに平均可変費用に特有の性質として、そのグラフの縦軸の切片が限界費用曲線の切片と一致することを示せます[1]。また、平均可変費用曲線が常に右上がりでなければならないことも示せます[2]。ですから平均可変費用曲線は、常に限界費用曲線の下を通り、生産量がゼロに近づくにつれて傾きが水平になっていくような右上がりの曲線になります。また、常に平均費用曲線の下を通ります。平均可変費用はいつでも平均固定費用の分だけ平均費用より小さい値を採るからです。

---

1) これは付録で説明しているロピタルの定理を使えばすぐに確認できます。

6.5 生産者余剰

商品の買い手にとっての取引からの利益である消費者余剰を求めるとき、限界支払意志のグラフを用いることができるのでした。これと同様に、限界費用曲線は売り手の取引からの利益を求めるのに用いることができます。

ある売り手に「q_0 だけの量の商品を R 円で販売する」という取引が可能だとして、この取引の機会による利益の大きさはどれだけか考えてみましょう。この取引を行うには q_0 だけの商品を準備しなければなりませんから、生産の（通常は輸送も含めた）費用がかかります。この売り手の費用関数を $C(q)$ だとすると、かかった費用 $C(q_0)$ を R 円の販売収入から差し引いた $R-C(q_0)$ が取引から得られる金額です。この取引の機会が利用できない場合はどうなるでしょう。取引による売り上げはゼロになります。準備する商品の量もゼロになるのですが、しかし、そのときの費用はゼロではありません。$C(0) = FC$、つまり商品を何も作らなくても固定費用はかかるのでした。取引を行わないときに得る金額は $0 - C(0) = -FC$ という固定費用分のマイナスになるわけです。取引の機会を利用したときと利用しなかったときの入手金額の差が、この取引が売り手にもたらす利益です。ここまでの話から、その金額は

$$\{R - C(q_0)\} - (-FC) = \{R - VC(q_0) - FC\} + FC = R - VC(q_0)$$

つまり、販売収入から可変費用を差し引いた金額になります。これを、この取引がもたらす**生産者余剰**と呼びます。

2）仮にある生産量で平均可変費用曲線が右下がりになっているなら、そのときの平均可変費用は限界費用よりも大きいはずです。そこから生産量を少し減らせば平均可変費用の値は大きくなります。しかし限界費用曲線が水平ないし右上がりならば限界費用の値は増えません。生産量を減らすことで限界費用と平均可変費用の差は広がります。平均可変費用が限界費用より大きいという条件に変化はありませんから、そこから再び生産量を減らせば差は再び大きくなります。生産量を減らせば減らすほど両者の差が広がっていくことになりますので、その値が生産量ゼロで一致するという結果と矛盾してしまいます。ですから、平均可変費用曲線はどの生産量でも右上がりでなければならないのです。

図6-4

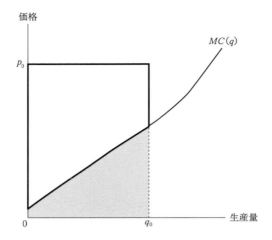

　こうして、取引からの売り手の利益と可変費用が関連していることがわかりました。そしてある数量までの生産（と輸送）にかかる可変費用は、0からその値までの限界費用曲線の下側の面積で表せます。微分積分学の第一基本定理を用いることで、ある生産量 q_0 での費用について $\int_0^{q_0} MC(t)dt = C(q_0) - C(0) = (VC(q_0) + FC) - FC = VC(q_0)$ という等式が成り立つからです。最初の積分が表しているのは、0から q_0 までの限界費用曲線の下側の面積です。この性質を用いると、限界費用曲線の図を用いた生産者余剰の表現も可能になります。

　例えば売り手に可能となった取引が、q_0 だけの商品を単価 p_0 で生産し販売するというものだとしましょう。この取引の生産者余剰を表わしたのが**図6-4**です。販売収入は $p_0 \cdot q_0$ という額で、縦軸のゼロから p_0 の値までを一辺、横軸のゼロから q_0 の値までをもう一辺とする長方形の面積で表せます。可変費用は限界費用曲線の下側のゼロから q_0 までの影をつけた面積になるのでしたから、生産者余剰は太線で囲んだ面積になるわけです。

6.6 短期と長期

　売り手の費用に関するここまでの議論では、生産に用いる投入の中にその費用が固定費用になるものと可変費用になるものがあるという区別を前提にしてきました。投入する財・サービスの中に、必要に応じて投入量を変更していくことが簡単（可変的）なものと難しい（固定的）ものがあるために、そうした区別が生まれるのだとも述べました。けれども具体的にある投入物を採り上げたとき、その投入量の変更が簡単かどうかという問いへの答えは、実は相対的なものです。たいていの投入については、考えている期間の長さ次第でどちらとも言えるからです。現実の生産や輸送に投入される財・サービスのうちに、完全に固定的なものも完全に可変的なものも存在してはおらず、非常に長い期間を考えればすべての投入が可変的だと言えるし、非常に短い期間ならすべてが固定的だと言える、というのが真実でしょう。

　今年の収穫への需要が意外に大きくなりそうだという場合に、そのときだけ耕地の面積を広げるといった対応は（遊休農地を保有してでもいない限り）難しいですが、需要増が今後数年にわたり続きそうならば耕地を拡大することは検討に値する問題になります。月単位の変化を考えるときには固定的であるような投入が、年単位の期間で考えるときには可変的な投入になるわけです。他方で、午後の集荷に必要になったのでいますぐ人手を増やしたいと農家が考えても、実行するのは難しいでしょう。せめて数日程度の余裕がなければ、臨時雇いの労働も可変的とは見做せません。

　振り返ってみれば、第4章、第5章で扱っていた超短期とは、売り手が出荷量を変えられないような短い期間でしたから、全ての投入が固定的であるような期間を考えていたと言ってもよいでしょう。すると逆の極端として、全ての投入が可変的とみなせるような、長い期間で考えた市場というものについて論じることもできるでしょう。この場合には、費用全体が可変的費用になります。そこまで長い期間であれば、売り手は事業を撤収して別の商売を始めることも視野に入れた行動を採れるようになります。高値での販売が長い将来にわたって見込めるような商品なら、新たに売り手になろうとする者たちも現れるはずです。

需要供給分析では、このように投入のすべてが可変的とみなせるような長い期間を指して、**長期**と呼びます。固定資産の調整による生産体制の見直しや転業など、売り手の事業全体の見通しに係わるような長い期間ということになります。これに対し超短期と長期の中間として考えられる期間、自由に投入量を変更できる可変的な投入と当面は投入量の変更ができない固定的な投入の両方が存在するような期間のことを、**短期**と呼びます。いま扱っている商品の生産・販売のために保有している土地・設備等の固定資産の大きさを前提とし、可変的な投入のみで対応できる範囲で、当面の需要（第5章で論じた「正常」需要）や費用の条件を見ながら生産量を調整している期間というわけです。売り手の日常的な生産・販売に係わる意思決定は、おおむねそのような期間を視野に入れたものと考えて良いでしょう。固定費用と可変費用の区別は、こうした日常的な意思決定においては無視できないものです。この区別を前提として描かれた、図6-1、図6-3の費用、限界費用、平均費用などのグラフは、そうした短期の費用条件に関するものだということになります。

　次章では、短期における費用条件に基づいた売り手の生産量の決定が、どのようなものになるかを考えていきましょう。

第 7 章

市場供給曲線

7.1 供給曲線

　需要供給分析では、売り手が取引からの利益を最大にするように取引を行うと考えます。つまり生産者余剰を最大にする行動を選ぶというわけです。このとき売り手が短期の生産ないし出荷量をどのように決めるのか、見ていくことにしましょう。ただし第 5 章で述べたように、売り手が生産量を決めるときに需要として意識しているのは、日々の偶然的変動を取り除いた「正常」利潤だと考えることにします。**売り手は「正常」な市場需要曲線にもとづいて生産者余剰を計算し、これを最大にする生産量を選ぶわけです**。

　余談ですが、売り手による生産者余剰最大化は、経済学ではしばしば**利潤最大化**と呼ばれます。利潤とは生産者余剰から固定費用を差し引いた金額つまり「販売収入マイナス費用」の値のことです。生産者余剰と利潤の違いは固定費用分だけ後者の方が小さいという点だけで、固定費用の金額は一定ですから、利潤がある金額だけ増減することは生産者余剰が同じ金額だけ増減することを意味しています。ですから利潤を増やす行動を選ぶことと生産者余剰を増やす行動を選ぶことの間に違いはありません。利潤最大化と言おうが生産者余剰最大化と言おうが、結局は同じことになります。

　本題に入る前の準備として、ある売り手が商品を単価一定で売れるという状況におかれたとき、どれだけの生産を行おうとするか考えてみます。これは需要曲線の議論のときに買い手について考えた問題と同様のものです。**図 7 - 1** は、この売り手の限界費用曲線を描いたものです。一定の単価が $\hat{p}$ であると

図 7-1

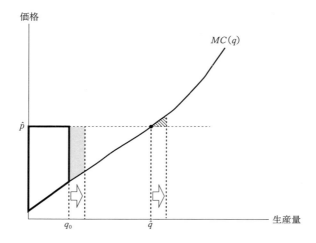

して、例えば q_0 だけ販売した場合の生産者余剰は、6.5節の議論から太線で囲んだ四角形の面積になることがわかります。ここから左側の矢印で示したように生産量を増やせば、色を塗った面積分だけ生産者余剰が増えます。直感的に言えば、販売量を増やしたときに増加1単位当たりの販売収入は価格 $\hat{p}$ だけ増えるのに対し費用の増加は限界費用の値になっているのですから、図において価格が限界費用を上回っている範囲では、生産量を増やすほど生産者余剰が増えていくわけです。限界費用が価格 $\hat{p}$ に等しくなる生産量は $\hat{q}$ です。ここからは限界費用が価格を上回ってしまうので、右側の矢印のように生産量を増加させれば、斜線部の三角形の面積だけ可変費用の増加が販売収入の増加を上回り、生産者余剰はかえって減ってしまいます。こうして生産者余剰は、$MC(\hat{q}) = \hat{p}$、つまり限界費用が価格に等しくなる生産量 $\hat{q}$ で最大になることがわかりました。売り手はこの生産量を選ぶでしょう。

　単価が様々な値を採るとき、売り手が選ぶ生産量はそれに応じて「限界費用＝価格」となる値に決まりますから、限界費用曲線に沿って変化していくことになります。ですから限界費用曲線を、売り手の生産量と単価の関係を表す曲線として見ることができるわけです。ただし、数量を表す横軸から限界費用の値が定まるという本来の読み方ではなく、縦軸に採った価格を変数として、そ

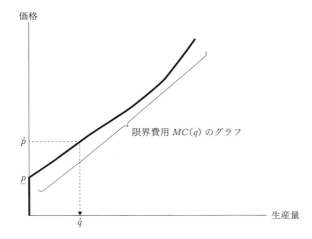

図 7-2

れに限界費用が等しくなる数量を定めるグラフとして読むことになります。このことを示したのが**図 7-2** です。単価が図の $\underline{p}$ 以下になれば、どんな数量でも販売収入が可変費用を下回ってしまうため、生産量はゼロになります。こうして、一定の単価に対するこの売り手の生産量を表す曲線は、縦軸に変数である価格を採り限界費用のグラフをなぞった太線になります。これは、この売り手の**供給曲線**と呼ばれます。

7.2 売り手による価格操作の誘因

さて、短期における売り手の行動に関する議論に移りましょう。売り手たちの生産・出荷は商品の競り売りに先立って行われるので、生産の時点では実際にいくらで売れるかわからずに意思決定することになるのでした。売り手たちは市場で商品が売られる価格に関する何らかの予想を立てなければなりません。超短期の偶然的変動を考慮に入れない「正常」な市場需要曲線を考えているにせよ、そこから導かれる市場価格はやはり商品の供給量によって異なった値になります。生産者余剰の値を求めるための市場価格として、「正常」な市場需要曲線による「正常」な需要価格を予想する必要があるのです。

図7-3

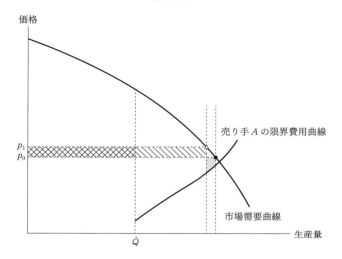

　ここで仮に、そのような価格が<u>自分の出荷量と無関係に</u> $\hat{p}$ になると、売り手が予想したとしましょう。このとき、売り手は単価一定として生産量を決めることになりますから、前節で図7-1を用いて論じたように、「限界費用＝価格」が成り立つ生産量を選ぶでしょう。同様の議論は別の価格水準が予想された場合にも成り立ちます。したがって売り手は、予想される市場価格の様々な水準に応じて、図7-2のような供給曲線に従って生産量を決めることになります。結論から先に言えば、これが需要供給分析の考える売り手の行動なのです。

　しかし、売り手が自分の生産・出荷量と無関係なものとして市場価格を予想するという想定は、妥当なものなのでしょうか。売り手たちは市場取引の仕組みを理解しており、さらに需要法則が成り立っていることも知っているはずです。自分を含めた売り手全体の生産量が変われば市場価格も変化することを、当然理解しているでしょう。

　図7-3は、生産量を減らすことの効果を、ある売り手 A について考えるためのものです。ここで $\tilde{Q}$ は他の売り手たちの生産量の合計です。他の売り手たちはどのようにして生産量を決めたのか、その値を売り手 A がどのように

して知ったのか、といった点が気になる人がいるかもしれませんが、いま述べた目的のためだけに描いている図なので、そうした問題はすべて棚上げさせてもらいます。このとき、売り手 A の生産量と費用、市場価格の間の関係は、$\tilde{Q}$ での垂線から先の部分の市場需要曲線と、この垂線を出発点にして描いた売り手 A の限界費用曲線を用いて表せます。例えばこの売り手が、$\tilde{Q}$ を通る垂線から●を通る垂線の幅で表される量だけの生産を行うとしてみましょう。商品の総入荷量は価格軸から●を通る垂線までの幅で表される大きさになり、市場価格は p_0 に決まります。

図7-1を用いた議論で前提したように生産量を変えても価格が変わらないのであれば、生産量を増やすことで価格と限界費用の差額だけ生産者余剰が増える効果のみが問題になり、まだ生産が足りないということになるでしょう。しかし、この図のように価格に影響を与えられる場合であれば、話が変わってきます。むしろ、△を通る垂線まで生産を減らした方が利益は大きくなるのです。生産量を減らすことによる利益の減少は確かに色を付けた面積分だけ生まれますが、売り手 A の生産減少が出荷量全体を減らす結果、価格が p_1 まで上昇します。その効果によって残りの商品が高く売れるようになるので、斜線を入れた長方形の面積分の利益増が起こります。この大きさは影を付けた面積を上回っていますから、生産者余剰は増加したわけです。逆に言えば、売り手 A にとって△を通る垂線から●を通る垂線までの生産量増加は損失をもたらします。p_1 から p_0 まで市場価格が低下するために、生産量増加による利益を上回る損失が、既に生産していた部分での販売額減少によって生じるからです。

こうして自分の生産量が価格に与える影響を考慮に入れるとき、生産を抑え、より高い市場価格を実現しようとする誘因が売り手には生まれるのです。これが最も明確な形で現れるのは、売り手が一人しかいない独占の場合で、その詳しい議論は第11章で行うことにします。売り手が少数の大企業から成るような市場を扱う寡占理論では、互いのこうした価格操作の思惑を読み合うことで生じる相互作用が、重要な論点の一つになります。需要供給分析がこのような誘因を問題にしようとせず、売り手が自分の生産量と独立な値として市場価格を予想すると考えるのは、どうしてなのでしょう。

図 7-4

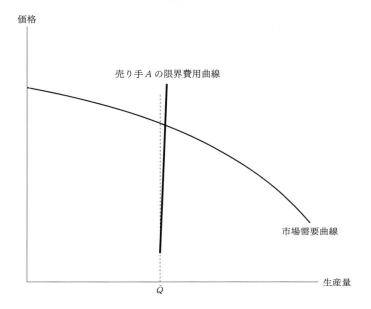

7.3 「小規模な多数の売り手」

　第 4 章で見た買い手の価格操作の誘因の議論のときと同様に、需要供給分析が考えているのが小規模な多数の買い手と売り手が取引を行う市場であるという点が、ここでも重要になります。以下で説明するように、多くの小規模な売り手がいるような商品では、個々の売り手の価格操作の誘因は、無視できるほど小さなものになると考えられるのです。

　まず、小規模という特徴から考えていきましょう。これは売り手の場合「たくさんは作れません」という意味になりますから、費用関数の言葉で「限界費用が急速に逓増する」と言い直せます。生産を増やしていくと、追加的な生産に必要な費用が急増するので、取引の利益がすぐになくなってしまうのです。図で示すならば、図 7-3 で考えた売り手 A の限界費用曲線が、**図 7-4** のように非常に大きな傾きを持つ場合だと言えるでしょう。

　図 7-1 で見たように、生産量を増やすことで生産者余剰が増加するのは、

市場価格が限界費用を上回っているときに限られます。ですから売り手 A は、$\tilde{Q}$ を出発点（生産量ゼロ）として、限界費用曲線が市場需要曲線の交点で定まる量よりも大きな生産を行うことはありません。限界費用曲線の傾きが大きければ、この売り手が選ぶ可能性がある生産量の幅は、市場需要全体に比べて極めて小さいものになります。図からわかるように、このような売り手が出荷をゼロにしようが目いっぱい増やそうが、市場価格はほとんど変化しません。価格をほとんど動かせないのですから、操作しようなどと考えることはせず、単純にその値を予想しようとするようになるでしょう。

　売り手の数が及ぼす効果の議論は、もう少し入り組んだものです。限界費用の逓増が緩やかならば、市場価格に影響するような大きさで生産量を変更することが、個別の売り手にとっても技術的には可能かもしれません。しかしそのような場合でも、売り手の数が多くなっていくと、結果的に価格操作の誘因は消えていくのです。この話の前段として押さえておくべきなのは、売り手のあいだで費用条件に大きな差がないならば、つまりよく似た費用関数を持っているなら、売り手の選ぶ生産量にも大きな差はなくなるという点です。したがって売り手の数が増えていくにつれて、商品の量全体に占める個々の売り手のシェアは低下することになります。当たり前の話に聞こえるかもしれませんが、改めて「よく似た売り手だからと言って、どうして生産量が違っちゃいけないの」と質問されれば、説明するのはそう簡単ではありません。

　このためには図7-5を見るのが便利です。同じ形をした限界費用曲線を持つ売り手 A と売り手 B を考え、しかし二人の生産量は A が q_A、B が q_B で異なっている（したがってシェアも異なっている）としましょう。さらに、売り手全体の現在の総生産量では市場価格が p_0 に決まるのだけれども、誰かが h だけ出荷量を増やすと、右下がりの市場需要曲線に沿って市場価格が Δp だけ低下してしまうものとします。このとき、売り手 A が生産量を h だけ増やした場合の生産者余剰は、この生産増加により格子模様の四角形の面積だけ増加し、価格低下により斜線を入れた長方形の面積だけ減少します。差し引きで生産者余剰は増加するので、売り手 A にはさらなる生産増加の誘因があるわけです。これに対し、売り手 B が出荷量を h だけ増やした場合の生産者余剰増加は横線を入れた四角形の面積になり、価格低下による損失は（斜線の長方形

図7-5

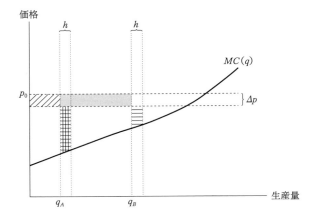

を含めた）色を付けた長方形の面積になります。つまり生産増加で損をしてしまうのです。図を見れば、この違いが当初の生産量の差によるものなのは明らかでしょう。当初の生産量が大きいほど、販売量の増加による利益は小さくなり、他方でこれに伴う価格低下の損失は大きくなるのです。生産量の大きい売り手ほど生産増加の誘因が小さくなるわけですから、特定の売り手だけが突出した量の生産を行うということは無くなります。売り手の限界費用曲線に大きな違いがないのであれば、この結論に変わりはありません。

　売り手の数が非常に大きくなれば、個々の売り手の生産量が全体に占める割合は極めて小さなものになることが確認できました。そこでもう一度、価格引き上げの利益を見るのに用いた図7-3に戻りましょう。売り手Aが●を通る垂線から△を通る垂線まで生産量を減らすとき、価格上昇によって斜線を入れた長方形の面積の利益を得るのでした。このとき網目模様の長方形の面積分の利益が他の売り手に発生していることに注目してください。価格引き上げの利益は生産量を変更した売り手だけに限定されるものではなく、他の売り手にも波及するのです。売り手Aの生産量のシェアが小さくなれば、斜線模様の長方形は縮小し、網目模様の長方形は拡大します。したがって売り手の数が非常に多いとき、売り手A自身の利益を示す前者の面積はほぼゼロになり、価格上昇の利益のほとんどは他の売り手のものになってしまいます。逆に考える

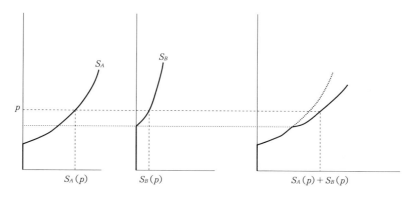

図 7-6

と、生産量を増やすときの価格低下による損失もほとんど他の売り手のものになり、自分自身への不利益は考える必要がなくなるわけです。こうしてよく似た売り手が多数いる場合には、仮に個別の売り手による生産量変更が価格を動かすとしても、その価格変化の影響は売り手全体に拡散してしまいます。また各々の売り手の市場シェアは非常に小さくなるのでしたから、市場価格の水準を動かせる程度も結果的に微小なものになります。

ここまで見てきたような理由から、小規模で多数の売り手がいるような商品の場合、個々の売り手は自分の生産量が価格に及ぼす効果を考慮しなくなり、最終的な市場価格がどうなるかということだけを考えるようになるのです。

7.4　市場供給曲線

こうして小規模の売り手が多数存在するような市場では、各売り手は自分の生産量と無関係に市場価格を予想するものと考えられます。そして7.2節の冒頭で述べたように、このような売り手の行動は供給曲線によって描写できます。次のステップは、こうした売り手たちの行動を市場全体の取引と関連付けることです。

商品の売り手のうち、A と B の二人について、それぞれの供給曲線が**図 7-6** の左側の S_A、中央の S_B のようなものだったとしましょう。二人が同じ市場

価格 p を予想したとすると、A は $S_A(p)$、B は $S_B(p)$ の量の商品を生産し、市場に出荷するでしょう。そこで二人合わせれば、$S_A(p)+S_B(p)$ の商品が市場に送られます。この議論は予想された市場価格がどの水準であっても成り立つので、二人合わせた商品の量と予想された市場価格のあいだの関係は、右側の図のように二人の供給曲線を横に加えたグラフで表せることになります。

　これと同様にして、商品の売り手全員の供給曲線を水平に足し合わせていけば、全ての売り手が同じ市場価格を予想するという前提の下で、予想された市場価格のそれぞれに対して市場全体としてどれだけの商品が生産され提供されるかを表す曲線が得られます。この曲線を（短期の）**市場供給曲線**と呼びます。各売り手の供給曲線が連続で右上がりであることから、これらを水平に加えてできる市場供給曲線も連続で右上がりになります。こうして、売り手による商品の生産量の調整まで考慮に入れた、市場取引の分析の準備が整いました。

第 8 章

市場の短期均衡

8.1 短期均衡点

　可変的な投入と固定的な投入の両方が存在するような短期の期間においては、売り手は現在扱っている商品の生産・販売を前提とし、可変的な投入の変更による費用の変化を見ながら、生産者余剰を最大にしようと行動するのでした。さらに多数の小規模な売り手がいる市場の場合、各々の売り手は市場価格が自分の生産・出荷量と無関係に決まるものと考え、予想される価格に基づいてその数量を決めるのでした。売り手によるこうした調整の結果として、市場価格（「正常」な需要価格）と取引量がどのようなものになるかを議論するのが短期の市場分析です。このために需要供給分析が用いるのが、**図 8 - 1** のように市場供給曲線を市場需要曲線に重ね合わせた図です。

　この図において、二本の曲線の交点は特別な意味を持ちます。と言うのは、もしも短期における市場価格と取引量がある値に落ち着いて動かなくなるとすれば、それはこの交点での価格の値 P_S と取引量の値 Q_S 以外にはないと考えられるからです。仮に市場価格が図の $\hat{p}$ のような値で動かなくなることがあるかどうか、検討してみましょう。このとき市場に入荷している商品の量は $\hat{Q}$ になっています。これはすべての売り手が価格 p_0 を予想したときに生産される数量です。個々の売り手の供給曲線は右上がりですから、もしも全ての売り手が（一人一人の予測値は様々としても）p_0 より高い価格を予測していたとしたら、各人は現状より大きい生産量を選び、全体として $\hat{Q}$ を超える生産が行われていたでしょう。ですから商品の量が $\hat{Q}$ になっているという現状は、p_0 以

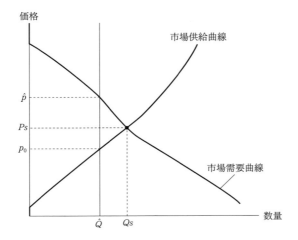

図8-1

下の価格を予想して生産を行った売り手がいたことを意味しています。各売り手は小規模ですから、そのような売り手は無視できないほどの数いたはずです。そして、実際の市場価格が $\hat{p}$ であることによってこれら多数の売り手たちの予想が裏切られるために、予想価格の修正と生産量の変更が行われるでしょう。その他の売り手がこの変化をちょうど相殺するような生産量変更を行うと考える理由はありませんから、市場の商品の量は $\hat{Q}$ から動いていき、市場価格も変化していくでしょう。このように、市場で成立している市場価格が P_S でないときには、価格予想に失敗した売り手たちが必ず発生しているのです。その人たちの予想変更による生産量の再調整が、価格を動かすことになるでしょう。

　売り手たちが（固定的な投入は一定としたままであるが）生産量の調整を行えるような短期の市場において、商品の生産量も市場価格（「正常」な需要価格）も変化しなくなる状態が成立するとき、これを**市場の短期均衡**と呼び、そのときの市場価格を**短期均衡価格**と呼びます。いま述べた理由から、市場需要曲線と市場供給曲線の交点で与えられる市場価格以外の価格が短期均衡価格となることはありません。こうした理由から、市場需要曲線と短期の市場供給曲線の交点は**短期均衡点**と呼ばれます。ただし厳密に言えば、短期均衡点において短期

均衡が成立した状態であったとしても、市場価格がまったく変化しなくなるわけではありません。そもそも生産量決定の際に売り手たちは超短期の偶然的な変動への対応は考えておらず、予想しようとしているのは「正常」な需要価格なのでした。その値としてすべての売り手が短期均衡価格を予想して、生産量が短期均衡の水準に決定された状態が短期均衡なのです。したがって、日々の超短期の取引においては、偶発的な超短期の要因による変化を調整するために、一時的均衡価格の上下動は起こり続けます。けれどもそれをならした市場価格の水準は予想した通りの値になっているので、売り手たちは生産量を変更しようとはしないのです。

　さて、短期均衡を成立させる生産量と市場価格が短期均衡点で与えられる組み合わせだけであることを示しただけでは、それが実際に成立することの保証にはなりません。その成立のための条件について何かが示されたわけではないのです。短期均衡が成立せず市場価格と生産量が変化し続ける可能性は否定されていません。しかし需要供給分析では、短期の市場分析を行うときには基本的に短期均衡点だけを見ていれば十分だと考えます。つまり市場はすみやかに短期均衡の状態に落ち着くものとしているのです。こうした考え方はどのようにして正当化されるのでしょう。また、その妥当性が大きくなるのはどのような場合なのでしょう。

8.2　売り手による期待形成

　前節の終わりで述べた問題を考える上で決定的に重要なのは、売り手たちが市場価格をどのように予想するかです。短期均衡が成立するためには売り手の生産量が短期均衡点の水準に落ち着かねばならず、そのためには売り手たちが毎回の生産の際に次の市場取引でも短期均衡点での価格（「正常な」需要価格として）が成立すると予想していなければなりません。短期均衡が実現するのだろうかという問題は、売り手たちの予想が短期均衡点の価格に向けて調整されていくのだろうかという問題なのです。こうして売り手の予想の立て方（**期待形成**）を分析の中に組み入れることが必要になります。

　市場価格の期待形成に関する経済学の初期の理論モデルは、人々がこれまで

に観察した価格のデータに基づいて機械的に予想を変えていくというものでした。自分の当初の予想より実現した価格の方が高かったなら予想する価格を引き上げ、低かったなら引き下げるという具合です。けれども、現実の売り手は市場に関して過去の価格以外にも様々な知識や情報が利用できるはずで、そうした情報の変化も期待形成に影響するでしょう。例えば今年の夏は猛暑になりそうだという情報が明らかになれば、売り手たちはそれに応じて自分の商品への需要の予想や自分を含む売り手たちの費用条件について見直しを行い、それが価格期待にも反映されると思われます。このような追加的情報の持つ効果といった重要な問題を、過去の価格だけを材料にする機械的な期待形成の理論は扱えません。また様々な調査により、人々が実際に予想する価格が、こうした期待形成理論が予測するものより正確であることもわかってきました。

そこでこれに代わって有力な期待形成のモデルとされるようになったのが、**「合理的」期待形成**です。これは結果だけ述べるならば、各々の売り手が市場需要曲線と市場供給曲線についての情報を保有しており、これを用いて短期均衡価格を予想するという考え方だと言えます。このモデルは、新たな情報が人々の期待の変化を通じて市場取引に及ぼす影響について、様々な予測を導ける興味深いものです。

もちろんこのような期待形成を用いることについては、「売り手が短期均衡点を求めるのに十分なだけの市場需要曲線や市場供給曲線に関する情報を収集できるのか」という疑問が生まれますし、実際その種の問題提起はしばしば為されてきました。しかし現実の売り手たちは、その商品を扱うことを生業としてきた人々であり、生産技術や他の産地の動向、需要の性質などについて十分な知識を蓄えているはずです。また互いの人的交流を通じて知識の共有も進められているでしょう。正確に市場価格を予想できるほど生産・出荷量を理想的な水準に近づけることができるはずですから、商品の生産に関する条件（青果物なら気候条件や新規の行政指導など）や需要の動向など、市場供給曲線と市場需要曲線の位置と形状に集約されるような市場の構造的条件に関して、売り手たちによる情報不足解消の努力が常に為されていると考えるべきでしょう。

このような努力は、現代社会における情報通信技術の進歩によって、さらに有効なものになってきていると思われます。情報処理技術と統計的手法の向上

により、官公庁や調査機関が発表する各種データの精度も多様性も増大しました。個人レベルでのデータの収集と保存の能力にも劇的な向上がみられました。市場需要曲線や市場供給曲線に関する情報の入手と分析、さらに均衡点の推定を行う能力については、今後高まることはあってもその逆は考えられません。売り手が市場需要曲線や市場供給曲線に関する情報を用いて短期均衡点を推定できるという点については、合理的期待形成の考え方にも一定の説得力があるように思われます。

　ところがこれだけでは、前節の終わりで提起された短期均衡成立の根拠とするには不十分なのです。売り手たちが短期均衡価格を推定できたとしても、実際の市場価格がその水準になると予想する理由は何でしょうか。需要供給分析がそのように考えるからということでは説明になりません。そう考えることの説明が目的なのですから、循環論法になってしまいます。そこで問題を違った角度から見ることにしましょう。市場価格を決めるのは市場需要曲線と売り手全体の生産量でした。したがって、たとえば短期均衡価格を予想することは、売り手たちの生産量の合計が短期均衡点における水準になると予想することと同じです。一般にある市場価格を予想することは、そのときの需要量に等しい生産が売り手たち全体として行われると予想することなのです。こうして各々の売り手による価格の期待形成は、自分を含めた売り手たち全体の生産量に関する予想の形成として考えることができます。そしてそのような予想は、以下で見るように独特の性質を持っています。

　売り手全体の生産量を予想するには、他の売り手たちの生産量を予想せねばなりません。ところが他の売り手たちも自分以外の売り手の生産量を予想して生産量を決めるでしょうから、その予想も予想しなければ他の売り手の生産量を予想できません。ということは他の売り手たちも本人以外の売り手の予想を予想するはずで、ふたたびそれ（他の売り手たちの他の売り手たちに関する予想の予想）が予想すべき事項に入ってきます。以下同様にして、予想の無限連鎖が発生するわけです。もちろんこれは論理上の話であって、現実の売り手が無限に深読みをしていると主張したいわけではありません。けれども互いの意図と行動の読み合いは人間が日常的に行っていることですし、経験を積んだ売り手同士ならかなりの読み合いが可能でしょう。また必要なのは売り手たち全体の

図 8-2

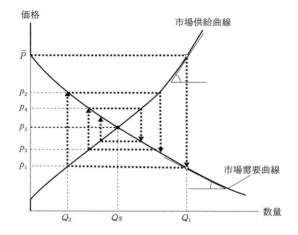

生産量の合計の予想なので、そうした集計量の予想で済む分だけ読み合いは深まることでしょう。

このような互いの生産量の読み合いは、一般論としては市場価格を短期均衡点に近づけるとは限りません。各々の売り手が他の売り手は市場価格の低下を予想して生産量を減らすと考えて、その結果市場価格が上昇すると予想してみんなで生産量を増やし市場価格が低下するといった、思惑が思惑を呼ぶ事態が起こり得るからです。私たちが考えねばならないのは、こうした読み合いの結果決まってくる生産量と価格が、どのようにして短期均衡点と一致するのかという問題なのです。

8.3　短期均衡の成立

この節では売り手たちによる生産量の読み合いが短期均衡に収束する仕組みを見ていくことにします。**図 8-2** のような市場供給曲線と市場需要曲線を考えてみましょう。売り手たちは市場供給曲線と市場需要曲線の位置と形状に関する知識を持っており、さらに他の売り手も同様の知識を有していることを認識しているとします。こうした状況で、それぞれの売り手は生産の際にどのよ

うな市場価格を予想するでしょうか。

　まず市場需要曲線に関する知識を用いることで、売り手たちは商品が $\overline{P}$ 以上の価格では売れないことを理解します。そして他の売り手たちも同じ知識を用いて同じ理解に達するはずだと考えるでしょう。このとき売り手たちは、以下のような理由で、商品の市場への入荷量が Q_1 以上になることは無いという結論を得ます。Q_1 は全ての売り手が価格 $\overline{P}$ で商品が売れると予測したときの売り手全体としての生産量ですが、どの売り手もそのような高い市場価格は成立しないとわかっているわけです。個々の売り手の供給曲線は右上がりですから、$\overline{P}$ 以下の価格しか予想していないときの生産量は $\overline{P}$ を予想したとき以下の水準になります。したがって、全ての売り手が $\overline{P}$ より低い価格を予想するなら生産量が Q_1 以上になることはありません。

　各売り手はこのように推測すると同時に、自分以外の売り手も同様の推測ができるはずだと考えるでしょう。ところが市場への商品入荷が Q_1 以上にならないのであれば、市場価格が p_1 以下になることはありません。ですからどの売り手も、自分も含めた全ての売り手について、p_1 以下の市場価格を予想する者はいないことを理解できます。そこで今度は、商品が p_1 以下の価格で売られることは無いし誰もそんなことは予想しないという理解に基づいて、売り手たちは市場に入荷する商品の量が Q_2 以下にならないと予想できます。これは全ての売り手が価格 p_1 で商品が売れると予想したときの生産量ですが、どの売り手もそのような低い価格がつくはずがないと考えています。全ての売り手が p_1 より高い価格を予想するわけですから、売り手全体としての生産量は Q_2 以下にはなりません。そうなると今度は、市場価格が p_2 以上にならないということがわかります。こうして売り手たちは、商品の価格が $\overline{P}$ 以上になることはないという理解から出発して、商品価格は p_1 と p_2 の間で成立するはずだという理解に至ります。また、自分以外の売り手もそう考えているはずだということも理解します。

　さて、話はここで終わりません。売り手たちは商品が p_2 以上の価格では売れないという理解から出発して、上で述べたのとまったく同様の論理を辿りながら、商品価格は p_3 と p_4 の間にあるはずだという理解に至り、自分以外の売り手もそう理解するはずだという結論を出すことができます。矢印を付けた渦

巻き状の点線の動きからわかるように、こうした推論を繰り返すことで、売り手たちは予想される市場価格の幅をいくらでも狭めていくことができるでしょう。そして導かれるのは、市場価格が短期均衡点の価格 P_S になるはずだという予想です。この予想に基づいて行われた商品生産の結果、実際に短期均衡点の価格 P_S が市場価格になります。こうして毎回の生産において全ての売り手が一致して価格 P_S を予想し、市場における価格と取引量が変化することはなくなります。短期均衡が成立するわけです。

　ここで働いている収束の仕組みは、次のようなものです。市場価格がある水準より上がらないことがわかり、他の全ての売り手もそのことを理解できるとわかることによって、売り手たちは自分たちが一致してその価格を予想した場合以上の生産は行われないと予想することができ、さらに他の売り手も同じ理解に至ることを理解します。こうして生産量の合計がある水準を越えないことがわかれば、それが需要される水準より価格が下がることはないことを予想でき、すべての売り手が同様の予想に達することも理解できます。するとこの理解にもとづいて、売り手たちが一致してその価格を予想した場合以下の生産は行われないことを理解できます。また、このことが他の売り手に理解されることもわかります。したがって、その生産量が需要される水準より価格が上がることはないことがわかり、最初のステップに戻るわけです。この繰り返しにより、市場価格に関する売り手たちの予想が収束していくのです。

8.4　短期均衡成立の条件

　前節で述べた議論は、いつでもうまくいくとは限りません。実を言うと図8－2は、どの入荷量においても市場供給曲線の（数量の軸である横軸の方から見た）勾配が市場需要曲線より急であるように描いてあります。例えば Q_1 の値において、▽で示した場所で市場需要曲線と市場供給曲線の接線の（生産量の軸である横軸の方向から見た）勾配の絶対値を比較すると、前者より後者の方が大きくなっています。この図では、これと同様のことが他の生産量についても成り立っているのです。こうした条件が満たされていないときは、売り手間の読み合いの結果が短期均衡点の価格 P_S に収束していかない可能性がありま

図 8-3

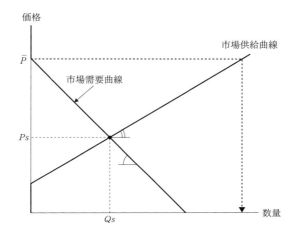

す。**図 8-3** はこれを極端な形で示したもので、市場需要曲線も市場供給曲線も直線だとし、前者よりも後者の勾配が緩やかになるように描いています。点線の矢印からわかるように、このような場合には商品が $\overline{P}$ 以上の価格では売れないという理解が予想価格の収束につながりません。その価格をすべての売り手が予想した場合の生産量が大きなものになり、市場価格の低下の限界を縮められなくなっています。前節で見たようなかたちで売り手たちの予想価格が価格 P_S に収束していくためには、市場供給曲線の勾配がある程度急でなければならないわけです。

　市場供給曲線の勾配が急であるということは、市場価格の変化によって生じる出荷の反応が小さいということです。例えば**図 8-4** には傾きの違う市場供給曲線が描かれていますが、これらを比べると、価格が $\hat{p}$ から上昇したときの生産量の変化は、傾きが緩やかな方が大きくなることがわかります。前節の議論では、予想される市場価格の幅が限定されることで実現する可能性のある生産量の幅が限定されたとき、それが再び市場価格の幅を狭めることによって価格予想の精度をさらに上げることができました。ところが売り手全体としての生産の振り幅が大きくなり過ぎると、このサイクルがうまく働きません。予想価格の幅が限定されても、これをさらに縮小させるほどの商品入荷量の幅の

図 8-4

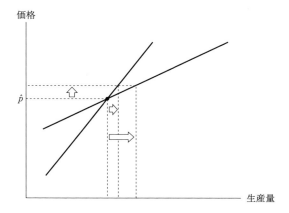

限定が生じないからです。

　新規開業や廃業による売り手の数の変化が起こらない短期では、市場供給曲線の傾きがなだらかなことは各々の売り手の供給曲線の、つまり限界費用曲線の傾きがなだらかであることとほぼ同じです。そのような商品では売り手たちの価格予想が難しくなるわけです。逆に言えば、短期均衡が成立しやすいのは、生産増に伴って限界費用がすぐに上昇していくような生産技術で作られている商品だということになります。つまり需要供給分析が想定しているような、売り手たちが比較的小規模であるような商品というわけです。

　短期均衡点の生産量においては市場需要曲線よりも市場供給曲線の勾配の方が急であるけれども、他の生産量においては必ずしもそうでないという場合には、**図 8-5** のような状況が生じます。ここでは図 8-3 と同様に、$\overline{P}$ 以上の価格での取引はあり得ないという理解が予想価格のそれ以上の限定につながることはありません。けれども何らかの理由により、売り手たちの予想する価格が最初から図の p_L から p_H の間のような範囲内に限定されているならば、予想価格が短期均衡点の価格に絞り込まれていくことがわかります。ある商品の過去の市場価格の変動があまり大きくなかったとすれば、市場関係者の間で「適正」と考えられる価格の範囲について漠然としたものにせよ何らかの合意が成立しているかもしれません。また、行政が「市場の混乱」を防ぐためにあ

図8-5

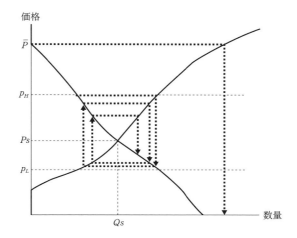

る範囲を超える価格の上下動に規制を加えるという方針であり、それは売り手たちにも周知されているという場合があるかもしれません。いずれにせよ何らかの理由で売り手たちが予想する価格の幅が限定されるなら、市場供給曲線が常に市場需要曲線より急な勾配を持たないとしても、短期均衡が成立する可能性があります。

　市場需要曲線と市場供給曲線の形状以外にも、短期均衡の成立可能性に影響する要因を挙げることができます。現実の商品の生産はすべての売り手で同時に行われるわけではありません。リンゴやミカンなどを考えてみても、市場に入荷する商品の中には近隣で生産されたものも遠隔地で生産されたものもありますし、産地の間で寒暖の時間差もあります。ですからある時点に市場で取引される商品の生産量は、様々な売り手の間で時間的ずれを伴いつつ徐々に決まってくると考えるのが現実的でしょう。早めに生産量を決めなければならない売り手もいれば、他地域での生産状況を見たうえで後から決められる売り手もいるというわけです。

　仮に売り手たちが生産量を先行して決める集団とその決定を見て後から決められる集団の二つに分けられるとしましょう。これら二つの集団が大きさも顔

ぶれもよく似たものであれば、集団ごとに考えた供給曲線の傾きの大きさはもとの市場供給曲線のほぼ二倍になります。売り手が半分になって生産量の振り幅も半分になるというわけです。詳しい論証は省略しますが、こうして生産量の振り幅が小さくなることによって集団ごとの価格の読み合いが容易になると、たとえ全体としての市場供給曲線の傾きが緩やかであっても、売り手たちの予想価格が短期均衡点の価格に収束して短期均衡が成立可能になることを示せます。さらに、生産量決定の時期が異なる集団に売り手が細分化できるほど、つまり全体の生産量が決定されるペースが緩慢になるほど、短期均衡成立の可能性は高まるのです。

　以上の議論をまとめましょう。①その商品の生産において限界費用逓増の程度が大きい（売り手が小規模である）ほど、②その商品の生産量全体の決定が徐々に進行するものであるほど、短期均衡の成立を前提することの妥当性は大きくなります。需要供給分析を適用しようとする市場が短期においてこれらの条件を満たしているのであれば、短期均衡点だけに注目しながら分析を行うことが正当化できます。また、③何らかの理由で売り手たちの予測する価格の幅が限定されている市場でも、短期均衡の成立が可能になります。

第 9 章

規範的分析の基礎

9.1 価値判断と事実判断

　私たちがどうして市場経済の仕組みや働きを理解しようとするのかを改めて考えてみるとき、その現状を点検し改善していきたいという願望は、理由の全てとは言わないまでもかなりの部分を占めるでしょう。市場経済は私たちの生活の基盤となるものですから、その動きをより望ましいものにできる可能性はないのか、政府が実施する様々な経済政策は本当に望ましい効果を生んでいるのか等の問題に無関心でいるわけにはいきません。また、経済的に不当と思われる扱いを受けている人々がいれば、これを放置するわけにはいかないでしょう。こうした問題への取組みを的外れなものにしないためには、市場経済の実際の働きを十分に理解しておく必要があるわけです。

　しかしここで注意しなければならないのは、経済のあり方を点検し改善を図るための議論は、経済の仕組みや動きを知るための議論とは異なる性格のものだということです。後者であれば、経済の実態がどうなっているかという事実に関する意見が交わされますが、前者においては市場経済がどうあるべきか、是正されるべき問題は何であるかという方針に関する意見が交わされることになります。事実に関する見解を**事実判断**といい、方針つまり物事の重要性の大小や正・不正に関する見解を**価値判断**といいます。それぞれを「である」という判断、「べきである」という判断と呼ぶこともあります。この章から第11章まででは、経済学で標準的に用いられる価値判断の基準について説明し、それが需要供給分析とどう関連付けられるのかを見ていくことにします。

最初に価値判断と事実判断の違いについて一般的な議論をしておきましょう。価値判断は、もっぱら人々の意思によって左右できる事柄に関わるものです。選択可能なものであるからこそ、どのような方針で選択を行うかが問題になるわけです。消費税の税率をどの高さに「するべき」かは問題になりますが、夏の平均気温をどの高さに「するべき」かを問題にしようとする人はいないでしょう。ただし将来において気象のコントロールが可能になれば、こちらも検討の対象になるかもしれません。人間社会の技術水準の向上により選択可能な事柄が増えるにつれて、価値判断を必要とする問題も増加していくことになります。これに対して事実判断が関わるのは、現実のあり様を明らかにするという問題です。たとえば需要供給分析という理論とそこから得られる予測や説明は、市場の現実を理解するための事実判断に関する議論でした。

　価値判断と事実判断が扱う問題のこうした違いから、事実判断から価値判断を（「である」から「べきである」）を導くことはできないという、重要な結論が得られます。事実判断は、ある問題についてどのような選択肢を「選べる」か明らかにしてはくれますが、どのような選択肢を「選ぶべき」かという方針を与えてはくれないのです。けれども、こうした間違った論法は日常において珍しいものではないので、（他人にも自分自身にも）だまされないようにするため注意する必要があります。工事現場で遊んでいてしかられた子供が「だってみんなやっているよ」と反論するのは、その一例でしょう。「みんなが行っている」という事実判断から、「自分がしてもよい」という価値判断を導いてしまったわけです。

　例えば生物の社会的行動に関する研究が不道徳なものだとして非難されることがあるのも、この誤りによる混乱であるように見えます。つがいの相手以外との交尾や子殺しなど「不道徳」な行動の事例が様々な生物において報告されているのですが、こうした行為が進化によって生まれた自然なものとされてしまうと、人間が同様の行為を行うことを咎められなくなるというのです。「サルもペンギンも行っている」といった事実判断から「人間がしてもよい」という価値判断が導かれることを想定しているわけですから、上で述べた子供の論法と同じ誤りが生じていることになります。何を不道徳とするかは人間社会で決められてきた事柄であり、それをチェックする制度も人間により作っていく

ことができるものです。他の生物の社会的行動の研究は、そうした制度の改善のための知識としても有益なはずです。

　もう一つ注意すべきなのは、価値判断の対象となる選択肢の見極めの問題です。第1章で述べたように、市場経済は大規模で複雑な相互作用を伴っており、私たち自身が動かしているにもかかわらず、誰もその全体を見通せず思い通りにもできないようなものなのでした。動かしているのは私たち自身ですから、全員の行動を変更させることで大きな変化をもたらすことも不可能ではないでしょう。しかし、大規模で複雑なものに対して無闇にそのような変化を生じさせることの最終的な結果は、想定外の破滅的な人災であるかもしれません。市場経済に関して現実に可能な選択肢がどのようなものであるかは、そうした深刻な副作用やトレードオフの可能性を考慮しながら慎重に見極める必要があります。そのためには理論にもとづく適切な事実判断が不可欠です。人々が時間をかけて築いてきた制度や組織を考える際には、こうした注意は常に必要でしょう。

9.2　価値判断の客観性

　事実判断と価値判断について、前者は「客観的」だが後者は「主観的」であると論じられることがあります。こうした区別の仕方は、両者における次のような違いを根拠にしているのでしょう。価値判断は選択に関わる判断でしたから、選ぶという行為における主体性や責任を伴ったものになります。何を選ぶか選ばないか最後に決めるのは自分自身であって、その決断においては人それぞれの感性・経験・思想などが反映されることでしょう。これに対して過去の気候や方程式の解の公式などの事実は、観察や論理によって確認されるものであって、各自が決めるものではありません。互いの判断が食い違うときは少なくともどちらかに誤りがあるはずで、人それぞれの違いとして済まされることはないでしょう。

　けれども価値判断に「主観的」という表現を、事実判断に「客観的」という表現を割り振るやり方は、誤解を招きやすいものでもあります。そのように言ってしまうと、事実判断については誰もが合意可能なやり方で修正や改善を求

めることができるが、価値判断については無理であるかのような思い込みが生じかねないからです。それはまた、事実判断に関する議論やその結果は確実で有意義なものだが、価値判断に関するそれは恣意的で無意味なものだといった印象につながるかもしれません。しかし経済に関する価値判断は、例えば様々な課税方法の検討や企業規制の望ましい在り方などのように、多くの人が共有している一連の問題を対象とするのが普通です。人それぞれといって済ますわけにはいきません。このとき自分と異なる判断を客観的に批判できないというのであれば、問題点を比較し合って優劣を論じることも、より優れた判断を見出そうと試みることも無駄という話になり、議論によって互いに納得できる解決を目指すことは絶望的になってしまいます。

　実際のところは、事実判断と同様に価値判断に関しても、論理や観察によって批判・修正を行うことは可能です。まず、ある価値判断が論理的に実行不可能であることを示すことによる批判が考えられます。例えば、市場経済の働きといった問題一般に関する事実判断である理論が複数の主張から成り立っていたのと同様に、経済政策のあり方といったある領域の問題一般に関する価値判断は複数の判断から成り立っています。それらの間に論理的矛盾があることが指摘されれば、全体としての価値判断は実行不可能になるわけです。次に、ある価値判断に従って選択を行う場合に生じる結果については、理論と観察にもとづいて予測できます。深刻な副作用や過大な犠牲が予想されるのであれば、その実行可能性は現実によって否定されるでしょう。さらに、価値判断を構成する判断のうちのあるものには望ましく他のものには望ましくないと評価されるような、トレードオフの発生を指摘できるかもしれません。その場合には得失を比較するための補足的判断を追加する必要が生じるでしょう。価値判断の論理的整合性の検討や、現実の問題に具体的に適用したときの帰結に関する理論的検討などを**規範的分析**といいます。このような分析を通じて、価値判断についても客観的な批判・検討が行われていくのです。

　他方で事実判断について考えてみると、そこに主観的な要素が全く関わってこないわけではありません。第1章で述べたように、事実に関する理論的研究は予測や説明と現実を照らし合わせることで修正されていくものでした。けれども、理論自体は現実を漫然と見ている中で自然に生まれてくるものではあり

ません。最初に何らかの解明されるべき問題が意識され、それを明らかにするための試みとして理論や仮説が考え出されることで、研究が始まるわけです。つまり事実判断に関する理論の出発点は、何に関心を向けて問題にするべきかという選択であり、その決断においては個人の感性・経験・思想が影響を及ぼすのです。

　この点に関連して、いわゆる**イデオロギー（考え方や意識における偏り）**の影響が問題にされることがあります。経済学の理論の場合、解決を目指して選ばれる問題は各人の生き方や生活に関わるものでしょうから、当人やその属する集団にとって意義がある、望ましい、といった動機による選択が出発点であっても不思議はありません。このため特定の政治的利害や偏見を反映した偏った主張を含んだものになる可能性は十分にあります。そしてこのような主観的歪みを伴った理論は、解明を目指している（と称する）問題の理解や解決に役立たない欺瞞的なものになっているかもしれません。

　しかし仮に出発においてはそうであったとしても、反証可能な予測や説明を生み出すものであれば事実によって検証できますし、事実との不一致が指摘され続ければ元のままではいられないでしょう。政治的利害から生まれた理論でも、反証されて修正を重ねれば現実の予測や説明に役立つものに変わっていくかもしれないのです。批判による修正を受け入れる態度を維持している限り、その起源がどのようなものかは決定的な要因とはなりません。経済理論の客観性にとって重要なのは、批判・反証によって改善され得ることなのです。

　ですから、事実判断だから客観的だというわけではありません。明らかにすべき現実への関心という主観から始まり、予測や説明の失敗による反証と修正によって客観的なものになっていくわけです。そしてこれと同様に、関心を持った問題に対する解決の方針を与えようとする価値判断についても、より客観的なものになっていく過程を考えることができます。規範的分析による批判は、こうした判断がなぜ、どのように選択されたかという主体的根拠を問うのではなく、それが問題解決の方針としてどれほど有効であるかを問うものです。ある価値判断が実行可能なものなのか、それに従うことで実際にはどのような結果が予想されるのか、それは満足のいく解決をもたらすのか等を、論理や理論的予測に基づいて検討するわけです。こうした批判にこたえる態度を維

持する人は、当初の価値判断をより論理的に首尾一貫した、現実的なものに変えていかざるを得ないでしょう。これは、問題を共有する他の人々から見ても採用可能なものになっていくということです。価値判断についてもこうした意味で客観性を高めていくことは可能であり、そのためには積極的に批判を受け入れ改善を目指そうとする態度が不可欠と言えます。

価値判断の主観性を強調する人は、異なる価値判断を持つ人たちが互いに相手の判断の主体的根拠を問い詰めあうような状況を想定しているのかもしれません。このとき議論は選択を行った者の思想や信念を問う方向に向かうでしょう。こうした私的な事柄に議論の対象が移行していけば、個々人の違いばかりが意識され指摘されることになります。価値判断の比較であるはずの議論が、「どちらの方がより強い信念を持っているか」とか「どちらの方がより権威があるか」といった、判断を行った人間の比較で決着がつくことすら起こり得るでしょう。ある問題の解決のための方針を考えていたはずなのに、その中身よりも誰が言ったかの方が大事だという話になってしまうわけです。そのような不条理を避けるうえでも、規範的分析の意義は大きいと思われます。

9.3 パレート基準

経済学における規範的分析の多くは、**パレート基準**と呼ばれる価値判断に関わるものです。これは19世紀から20世紀にかけて経済学者としても社会学者としても大きな業績を残したヴィルフレッド・パレートによって提唱されたもので、以下のような考え方です。

「ある集団について W という状態と V という状態を比べたときに、集団の中に V の方が望ましいと思う人は一人もおらず、W の方を望ましいと思う人が少なくとも一人はいるならば、W の方がこの集団にとってより良い状態だと判断すべきである」

例えば家族旅行に沖縄と北海道という選択肢があり、家族の希望が次のようなものだったとします。

父	母	長女	長男	次男
沖縄	どちらでも良い	どちらでも良い	どちらでも良い	沖縄

　このとき、北海道に行くよりも沖縄に行く方が家族にとって良いことだと判断するのが、パレート基準です。他方で、次のように集団内に少しでも意見の対立がある場合、どちらが家族にとって良いかパレート基準では判断できません。

父	母	長女	長男	次男
沖縄	どちらでも良い	北海道	どちらでも良い	沖縄

　パレート基準が述べているのは「当人たちの意見を聞いて、誰も反対する者がない（そして誰かが希望する）選択肢があるなら、それを選ぶのが当人たちにとって良いことだ」ということです。それはまた、「当事者全員が集まって話し合ったときに、全員一致で賛成できる選択肢があればそれを選ぶべきだ」という基準だという言い方もできます。一見すると、これは当然のことを述べているだけに見えます。もしもある集団が、自分たちに実行できるあらゆる選択肢を合意にもとづいて選択・実行できるなら、パレート基準の意味で望ましくない選択肢が選ばれるとは考えられないからです。このため、「パレート基準を認めることは価値判断以前の問題であり、客観的な判断だ」と言われれば、そんな気になってしまうかもしれません。
　けれども、「実際にそのように行動するだろう」という事実判断から「それが望ましいことだ」という価値判断を導くことはできないのでした。例えば、ポテチをいくらでも食べたがる肥満児と、キレられるのが嫌でポテチを買う親、という親子を考えてみましょう。子供にポテチが与えられる状態と与えられない状態を比較すれば、親子が選ぶのは前者でありパレート基準が親子にとって良いと判断するのも前者です。これが当然の客観的判断であると言う人はいないでしょう。パレート基準は「何が自分たちにとって良いことかは当人た

ちが決めるべきであり、その結果も当人たちが引き受けるべきである」とする価値判断であって、どんな問題にでも普遍的に適用できるものではありません。それが自由主義的な価値判断を集団に拡張したものであることから、私たちにとってはなじみ深く自然に感じられるというだけなのです。

　先ほどの親子の例について、彼らが住んでいる町ないし区にまで話を広げれば、児童の健康対策を担当する部署が設けられているでしょうし、親も相談窓口を訪れることを選択肢に入れるでしょう。指導を受けることで子供自身がポテチの制限を望むようになるかもしれません。このように、一定の秩序を持ち構成員がその枠組みの中で各自の選択肢をよく吟味できるような集団が対象であるなら、自治と自己責任を求めるパレート基準を採用することにも説得力が生まれます。経済学者の多くは（筆者を含め）パレート基準を自分の価値判断の一部として受け入れているのですが、その理由の一つは、研究対象がこうした集団であることを前提しているからだと言えるでしょう。

　もう一つ注意しておくべきことは、ある集団が自分たちで実行可能な選択肢であっても、それを選択できないという事態が起こり得るという点です。例えば共同住宅の住人全員で中庭の草取りを行うという状況を考えてみましょう。このとき、自分だけ怠けて他の人たちに負担を押し付けようとする誘因が各自に生まれ、みんなの手抜きによって本来ならば1時間程度で終わる作業が2時間、3時間と延びてしまうかもしれません。そうなれば、頑張って1時間で終わらせる方がましだったと全員が後悔することになります。そこでパレート基準は、1時間で終わらせるという、より望ましい選択肢を選択可能にするために、各住人に全力での作業を強制することが集団全体にとって良いことだと判断するでしょう。このようにパレート基準は、集団全体のために各個人の行動を規制するときの根拠として用いられることがあります。経済理論が政府による市場介入を望ましいと判断するのは、多くの場合こうしたパレート基準による議論が適用できるときです。

9.4　効率化原則

　家族旅行の例で見たように、どの選択肢が望ましいかについて集団内に意見

の対立がある場合、パレート基準は判断を下すことができなくなるのでした。こうした不備を抱えている基準ではあるのですが、市場経済における変化を評価する道具としては実は意外に役立ちます。消費者の支払意志について説明するとき述べたように、私たちは市場経済の中で扱われる財・サービスの価格を見て、「安い」、「高い」という判断を日常的に行っています。だから大多数の人々は、実際に取引するかどうかはともかくとして、それらについて何らかの金銭的評価を抱いているものと考えられるのでした。そして市場経済の変化の影響の多くは、財・サービスの入手可能性の変化（前より高くなって買える量が減ったといった）か、入手できるお金の変化という形で発生します。この種の変化から被る影響であれば、人々は利益または損失という金銭的な評価に換算することができるでしょう。

　したがって市場経済で生じた変化については、それを望ましいとする人たちから望ましくないとする人たちへの金銭的補償が可能になります。もしも得られた利益の合計額が損失の合計額を上回っているならば、被害を被った人たちの不満を損失補填によって解消した後でも、利益を得た人たちは変化の前よりも望ましい状態に留まることができるでしょう。そのような補償を行った後の状態を、変化が起こる前の状態と比べると、前者の方が後者よりも望ましくないと考える人は（損失が解消するから）一人もいなくなっていて、少なくとも一部の人は望ましいと考えていることになります。つまり、市場経済である変化が起きたときに発生する利益の合計額が損失の合計額を上回るとき、適切な補償を行うことによって、その変化をパレート基準の意味で社会全体にとって良いものにすることができるのです。逆に、利益の合計額が損失の合計額を下回っていたらどうでしょう。どのように補償を行っても、損失をこうむる人をなくすことは不可能です。ですから社会を全体として貧しくするような経済変化は、パレート基準によって支持されないのです。

　こうしてパレート基準を用いることによって、市場経済における変化が良いものであるためには、利益の合計額が損失の合計額を上回るという意味で、社会全体を以前よりも豊かにするものでなければならないという判断が導かれます。これによれば、市場経済における望ましい変化とは社会全体を豊かにするものでなければならず、貧しくするような変化は防止すべきです。また政府に

よる経済政策は、社会全体を豊かにすることを目的としなければなりません。

かなり大まかなものではありますが、市場経済の動きや経済政策の効果を評価する上で、これは重要な指針を与えるものと言えます。しかし、社会をより豊かにする変化であることは、パレート基準によって肯定されるための必要条件ではありますが十分条件ではありません。真に良い変化とされるためには、それによって損失を被った人への補償が実行されなければならないのです。ところが、そのような補償を常に実施しなければならないとすると、社会全体に大きな負担が生じます。

まず各個人の利益と損失を正確に評価するのが簡単ではありません。様々な経済的変化の影響を個人別に計測できるようなデータがなければ、誰から誰に対してどれだけの補償を実施するべきか判断できないでしょう。かと言って各人に尋ねる方法を採れば、利益を得た人は過少に、損失を被った人は過大に申告する可能性が生じます。利益や損失が社会に薄く広く発生するような場合であるほどこうした困難は大きくなります。そうなれば適切な補償を実施するための行政上の費用は、非常に大きなものになるでしょう。

そのような技術的困難以外にも問題は発生します。市場で起こる変化からどれだけ大きな利益を得られるか、発生する損失をどこまで抑えられるかは、当事者の努力にも依存するものです。損失が補償されるとわかっていれば、回避のための対策を怠る人が現れるかもしれません。利益の一部が補償の原資として取り上げられることがわかっていれば、利益を大きくしようとする意欲は失われるかもしれません。補償の実施への期待が社会全体を豊かにする誘因を損ない、本来実現されたはずの（パレート基準から判断した）改善の機会が失われてしまう場合が考えられるわけです。

さらに、個人の利益と損失の評価が困難である場合に派生する新たな問題も無視できません。評価が曖昧である状態で補償を行おうとすれば、原資の徴収と補償の給付は、相当程度まで実施担当者の裁量に任されることになります。そこで担当者に対して嘆願、脅迫、賄賂など様々な圧力をかけることで、こうした所得の移転を自分に有利なものに変えようとする人々が現れるでしょう。そのような利権獲得活動（レント・シーキング）が蔓延すれば、補償の本来の意義が失われるばかりでなく、生産的な活動に向けられるはずだった資金や労力

が利権の奪い合いのために浪費されてしまいます。また、行政の腐敗を招くことも問題です。

　社会全体を豊かにする経済的変化に対して、必要な補償をすべて実施していくという方法は、以上のような困難と弊害を考えれば現実的とは言えません。市場経済の変化を評価する現実的な基準について、私たちはさらなる判断を求められることになります。パレート基準を自身の価値判断の一部として受け入れている限り、社会を豊かにする変化のみを良しとすべきだという点は動きません。こうした変化のうち、データ不足や経済的誘因への悪影響などにより十分な補償を実行できない場合をどう考えるべきかが問題です。それでも望ましいとすべきでしょうか、望ましくないとすべきでしょうか。経済的変化をさらに細かく分類できるような追加的な区分を持ち出してこない限りは、その二択となります。そして経済学で標準的なのは、たとえ補償が実行困難でも、社会を豊かにする経済的変化ならば望ましいものだと判断しようという考え方です。発生する利益の合計額が損失の合計を上回る変化は全て実現させるべきだというわけです。これを**効率化原則**と呼びます。

　このような原則を採用する大きな理由は、社会全体を豊かにするという「効率」の問題と、その利益を（補償などの手段を通じて）どのように分かち合うかという「分配」の問題を分離して扱う方が、補償に伴う問題を緩和できると考えられるからです。つまり社会全体を豊かにする変化はすべて実現させる一方で、補償の問題を個別の変化ごとに処理することは避け、別建ての所得再分配政策によって対応しようというわけです。経済的変化による利益と損失は、最終的には人々の所得の変化に反映されるでしょう。所得格差に注目してその是正を行う方が、個別の変化ごとの利益損失を調べるよりも簡単です。また、変化に対応しようとする人々の誘因を損なうこともありません。変化の一つ一つに対して補償のための所得移転を行う場合よりは、最終的な所得格差にもとづく移転の方が行政の裁量の余地も小さくなるでしょうから、利権獲得活動の弊害も緩和されます。

　需要供給分析を用いた規範的分析は、効率化原則にもとづいて行われることになります。その際に忘れてはならないのは、それが分配の問題を分離し先送りすることで成立している価値判断であるということです。経済の変化を評価

する基準として効率化原則は不完全なものであり、社会保障政策などの所得分配に関する議論によって補完される必要があるのです。

第10章

短期均衡の効率性

10.1 総余剰最大化

　需要供給分析はある特定の商品の市場のみに注目して行われる分析でした。この場合の市場取引の結果について、効率化原則による評価を行うとしたら、それがどのような形のものになるか考えてみましょう。この商品が売り手によってある数量だけ生産され、市場取引を通じて買い手の手に渡ったとします。売り手の得る利益は生産者余剰、買い手の得る利益は消費者余剰の値として計算できます。そこで市場全体としての利益の総額を計算するには、消費者余剰、生産者余剰それぞれの合計額を求め、それらを足し合わせればよいということになります。このようにして市場の取引から発生する利益を合計した金額のことを、その市場における**総余剰**と呼びます。この章と次の章では、総余剰を用いた規範的分析について説明していきます。ただし議論が複雑になることを避けるために、これらの章では超短期の偶然的な変動については考えないことにします。超短期、短期の市場均衡の成立についてはこれまでと同様としますが、超短期の要因による変動は起こらないものとし、買い手の需要曲線も市場需要曲線も、常に「正常」なものと一致していると考えるわけです。

　いま、ある商品の市場を考え、そこで起こるある変化によって利益を得る人と損失を被る人の双方がいるとしましょう。前者の利益は増加し後者の利益は減少しますが、増加の大きさが減少の大きさを上回っているならば、それらの合計額である総余剰は増加することになります。逆に減少の方が上回っていれば総余剰は減少します。したがって効率化原則に従えば、総余剰が大きくなる

変化は社会的に望ましい変化であり、逆に小さくなる変化は望ましくない変化であることになります。さらに言えば、総余剰の増加が大きいほど望ましい変化であり、総余剰の減少が大きいほど望ましくない変化だと考えることができるでしょう。ある単独の商品の市場に関する変化を効率化原則にもとづいて評価するためには、総余剰の大きさに注目していれば良いわけです。

さて、定義によって総余剰は次のように表せます。

総余剰 ＝ 消費者余剰合計額 ＋ 生産者余剰合計額

各々の買い手の消費者余剰は支払意志から商品購入額を差し引いたものであり、全ての買い手の商品購入額の合計は商品の取引額に等しいものです。よってすべての買い手の消費者余剰を合計すれば、

消費者余剰合計額 ＝ 支払意志合計額 － 商品取引額

という等式が得られます。他方で各々の売り手の生産者余剰は商品販売額から可変費用を差し引いたもので、全ての売り手の商品販売額の合計は商品の取引額に等しいわけですから、すべての売り手の生産者余剰を合計すれば

生産者余剰合計額 ＝ 商品取引額 － 可変費用合計額

という等式が成り立ちます。こうして次のような関係が確認できます。

総余剰 ＝（支払意志合計額 － 商品取引額）＋（商品取引額 － 可変費用合計額）
＝ 支払意志合計額 － 可変費用合計額

つまり、支払意志合計額が大きく可変費用合計額が小さいほど、総余剰は大きくなるわけです。

次節から見ていくように、支払意志合計額と市場需要曲線、可変費用合計額と市場供給曲線の間には密接な関係があります。総余剰の大きさに関する規範的分析は、この関係を利用することで、需要供給分析と表裏一体にして行えるようになるのです。多くの経済学者が需要供給分析を用いてきたのは、この利点によるところも大きいと考えられます。

図10-1

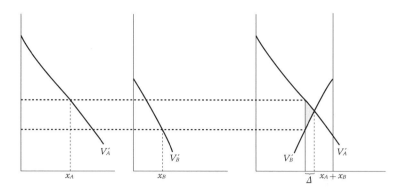

10.2 効率的配分と支払意志合計額

　買い手たちがある数量の商品を取引によって入手したとき、そこから生まれる支払意志の合計額が大きいほど総余剰の値は大きくなります。一定量の商品が、支払意志の合計額が最大になるように買い手の間に配分されるとき、商品の効率的配分が実現されたと言うのでした。この言葉を用いるなら、総余剰を大きくするという観点からは、商品が買い手の間で効率的に配分されることが望ましいことになります。第4章では数量が離散的な値をとる商品の場合における効率的配分について論じましたが、連続量で量られる商品の場合の効率的配分はどのようなものになるでしょうか。

　いま二人の買い手 A、B について、各々の限界支払意志のグラフが**図10-1**の左側と中央の図のようなものであるものとし、A が x_A、B が x_B だけの量の商品を入手している状況を考えてみましょう。図からわかるように、このとき買い手 A の限界支払意志は B のそれを上回っています。そこで二人合わせた商品入手量の合計は変えずに、B から A に商品の一部を移すことによって両者の限界支払意志を等しくしてみます。この効果を示したのが図10-1の右側の図です。ただしこの図では B の限界支払意志のグラフを、横軸の $x_A + x_B$ の値において引いた垂線から逆方向に描いています。商品の再配分はこの数量を一定として $\varDelta$ だけの量を B から A に移すものになります。それぞれの支払意

図10-2

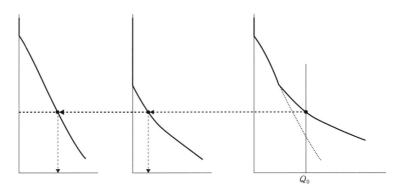

志の値の変化は限界支払意志のグラフの下側の面積の変化で表されるので、B の入手量減少による支払意志の減少より A の入手量増加による支払意志増加の方が大きいことがわかります。商品の数量は同じ x_A+x_B なのですが、それに対する支払意志合計額は色を付けた面積分だけ増加するわけです。

以上でわかったのは、一定量の商品が買い手間に配分されたときに限界支払意志の値が異なる買い手がいれば、商品の再配分を行うことで支払意志の合計額を大きくできるということです。この点は買い手の数が三人以上に増えても変わりありません。限界支払意志の値が違う買い手がいたら、その二人を採り上げて図10-1の議論を繰り返してやればよいのです。こうして、買い手の間で効率的配分が実現するためには、限界支払意志が等しくなるように商品が配分されねばならないことがわかりました。

話はここで終わりません。一定の数量の商品をすべての買い手の間で限界支払意志が均等になるように配分するやり方が、ただ一つしかないことも示すことができるのです。それ以外の配分の仕方では限界支払意志が等しくない買い手が必ず発生し、これらの買い手の限界支払意志の値を近づけながら全員の限界支払意志を均等化させていくにつれて、支払意志合計額は増加していきます。ですから限界支払意志均等化は、一定の数量の商品に対する支払意志合計額を最大にする配分の、必要にして十分な条件であると言えるのです。

図10-2を用いて、この点を確認しておきましょう。この図は市場需要曲線

図10-3

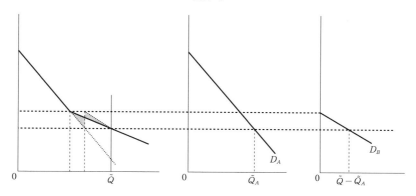

を導くときの説明に使った、二人の買い手の限界支払意志曲線を横に加えた図5-1と同様のものです。右端の図に描かれた曲線は、示された単価に対して各々の買い手が限界支払意志を一致させるように購入量を選ぶとき、合計でどれだけの需要が生まれるかを示すものとして導かれたのでした。しかし、二人そろって限界支払意志を単価に一致させるということは、二人の限界支払意志が一致するということです。したがってこの曲線は、二人の買い手が限界支払意志を等しくさせながら需要量を増やしていくときの限界支払意志と合計需要量の関係を表すグラフだと見ることもできるわけです。これを数量の軸である横軸から読んでみましょう。二人の買い手に対して合計で Q_0 の商品を配分することを考え、右端の図の曲線にこの数量を表す垂線を重ねると、二人の買い手が限界支払意志を等しくさせながら需要量を増やして行ったとき、その値が Q_0 になるときの限界支払意志の値は一つしかないことがわかります。そして左側と中央の図から、その限界支払意志の値について各々の買い手への商品の配分が一通りに決まることもわかります。買い手の数がさらに増えてもこれと同様の議論が可能です。

　一定の数量の商品が与えられたときの買い手間の効率的配分は、このようにして限界支払意志均等化という条件で特徴づけることができます。そこで効率的配分によって最大化された支払意志合計額について考えて見ましょう。実はこの値は、市場需要曲線を用いて表すことができるのです。**図10-3**のように

買い手の需要曲線が直線の場合には、このことを示すのは難しくありません。この図では左端の図に二人の買い手の需要曲線を横に加えたグラフが描かれていて、中央が買い手 A の、右端が買い手 B の需要曲線の図になっています。ある数量 $\tilde{Q}$ を採ってみましょう。これだけの量の商品を限界支払意志が等しくなるように二人の買い手の間に配分するとき、買い手 A の入手量は $\tilde{Q}_A$、買い手 B のそれは $\tilde{Q}-\tilde{Q}_A$ になります。個別の買い手の需要曲線を用いれば、各々の支払意志の値は、各自の下側の配分された商品の値までの台形の面積として表すことができます。ところが左端の図の色を塗った二つの三角形の面積は（等積変形によって）等しくなりますから、個別の買い手の支払意志を表す二つの台形の面積の和は、二人の需要曲線を横に加えた左端の図のグラフの下側の、0 から $\tilde{Q}$ までの面積と一致します。この議論は三人目、四人目と買い手を追加しながら繰り返していくことができますが、市場需要曲線は全ての買い手の需要曲線を横に加えたものなので、最終的に次のような結論が得られます。

「ある数量の商品について、効率的配分が実現するように（つまり支払意志の合計額が最大になるように）買い手間の限界支払意志が均等化する配分を行ったとき、支払意志合計額は市場需要曲線の下側の、0 から当該数量までの区間の面積で表される。」

買い手の需要曲線が直線ではない一般的な場合についても、この結論は成り立ちます。

10.3　効率的生産と可変費用合計額

ある数量の商品を売り手が生産するとき、これにかかる可変費用の合計額が小さいほど総余剰は大きくなります。一定量の商品の生産が、可変費用の合計額が最小になるように売り手の間で分担されることを、商品の**効率的生産**と呼びます。総余剰を大きくするという観点からは、商品が売り手の間で効率的に生産されることが望ましいわけです。そのための条件がどのようなものになるか考えてみましょう。これについても、前節で見た効率的配分に関する議論と同様の手順で話を進めることができます。

図10-4

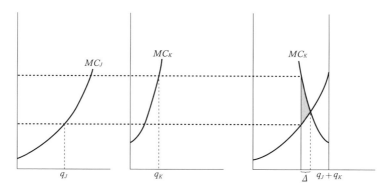

　いま二人の売り手 J、K について、各々の限界費用のグラフが**図10-4**の左端と中央の図のようなものだとし、J が q_J、K が q_K だけの量の商品を生産している状況を考えてみましょう。このとき売り手 K の限界費用は J のそれを上回っていることに注意してください。この状態から二人合わせた商品生産量の合計は変えずに、K から J に生産量の一部を移すことによって、両者の限界費用を等しくしてみましょう。図10-4 の右端の図はこの効果を示したもので、売り手 K の限界費用のグラフは $q_J + q_K$ の値における垂線から逆方向に描かれています。生産量の分担変更は、この数量を一定として Δ だけの量を K から J に移すものになります。可変費用の変化は限界費用のグラフの下側の面積の変化で表されましたから、J の生産量増加による可変費用増加より K の生産量減少による可変費用減少の値の方が大きくなります。

　こうして同じ $q_J + q_K$ だけの数量の商品を生産するための可変費用合計額が、色を付けた面積分だけ減少することがわかります。一定量の商品の生産を複数の売り手で分担して行うとき、限界費用の値が異なる売り手がいたならば、分担の仕方を変更することで可変費用合計額をより小さくできるわけです。したがって効率的生産のためには、生産は売り手の間で限界費用が均等化するように生産量が分担されなければならないことになります。

　また、図7-6と同様にして描かれた**図10-5**について数量の軸から読むことで、一定の数量の商品を限界費用が等しくなるように売り手間で分担するやり

図10-5

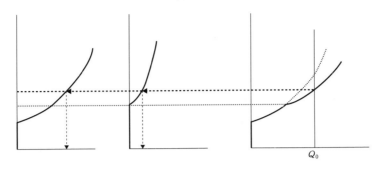

方は、ただ一つしかないことを確認できます。この図の左端と中央のグラフは、二人の売り手の限界費用曲線を用いて描いた各々の供給曲線です。右端の図はそれらを横に加えたグラフで、二人の売り手が同じ市場価格を予想した場合に選ぶ生産量の合計を表しています。このとき二人の売り手は同じ予想価格に対して限界費用を等しくさせる生産量を選んでいますから、互いの限界費用は一致しています。従って右端の図の曲線は、二人の売り手が限界費用を等しくさせながら生産量を増やしていくときの、限界費用と合計生産量の関係を表すグラフとして読むことができます。

　二人の売り手が合計でQ_0の商品を生産するものとしましょう。右端の図の曲線にこの数量を表す垂線を重ねると、二人の売り手が限界費用を等しくさせながら生産を増やすとき、数量がちょうどQ_0になるときの限界費用の値が一つに決まることがわかります。そして左端と中央の図から、その限界費用の値に対して各々の売り手の分担が一通りに決まることも確認できます。与えられた生産量について売り手の限界費用を均等化する分担の仕方は一通りに決まるというこの結論は、売り手の数がさらに増えても同様に成り立ちます。そこで、効率的配分の特徴づけと同様の論法で、売り手間で可変費用合計額を最小にするように生産を分担する効率的生産の必要にして十分な条件は、限界費用均等化であるという結論が得られることになります。

　効率的生産によって最小化された可変費用合計額の値について考えてみると、この値は市場供給曲線を用いて表せるものであることがわかります。特

図10-6

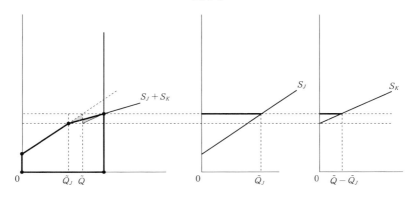

に、各売り手の供給曲線が直線である場合には、図を使ってこのことを示せます。二人の売り手の供給曲線を横に加えたものとして得られる**図10-6**の左端のグラフに、生産量 $\tilde{Q}$ を採ってみましょう。限界費用が等しくなるように $\tilde{Q}$ を二人の売り手の間に割り振ると、売り手 J の生産量は $\tilde{Q}_J$、売り手 K のそれは $\tilde{Q}-\tilde{Q}_J$ になります。このときの各売り手の可変費用は、中央及び右端のグラフにおけるそれぞれの供給曲線を用いれば、割り振られた生産量までの下側の台形の面積として表すことができます。ところが、左端の図の色を塗った二つの三角形の面積が（等積変形により）等しいことから、この二つの台形の面積の和は、左端の図の太線で枠をつけた五角形の面積に等しいことがわかります。つまり二人の供給曲線を横に加えたグラフの、0 から $\tilde{Q}$ までの下側の面積に等しいわけです。全ての売り手の供給曲線をこのようにして加えていけば、次のような結論が得られます。これは、供給曲線が直線ではない一般的な場合にも成り立ちます。

「ある数量の商品について、効率的生産が実現するように（つまり可変費用の合計額が最小になるように）売り手間の限界費用が均等化する生産の分担を行ったとき、可変費用合計額は市場供給曲線の下側の、0 から当該数量までの区間の面積で表される。」

図10-7

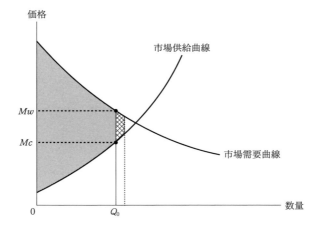

10.4 効率的取引規模

ここまでは商品の数量をある値に固定したうえで、売り手間での生産の分担と買い手間での商品の分け方について論じてきました。商品の数量を一定としたとき、そこから得られる総余剰が最大になるのは、効率的配分と効率的生産の双方が成り立つときです。では、売り手と買い手の間の取引量の各水準において、効率的生産と効率的配分の成立により総余剰の値が最大化されているとき、その値はどのような取引量において最も大きくなるでしょうか。

図10-7 は、この商品の市場需要曲線と市場供給曲線を重ね合わせたものです。Q_0 だけの商品の取引が行われた際に、その生産が売り手の間で効率的に分担（全ての売り手の限界費用は M_c に均等化）され、買い手の間に効率的に配分された（全ての買い手の限界支払意志は M_w に均等化）とします。前節と前々節で確認したように、このときの支払意志総額は市場需要曲線の下側の0から Q_0 までの区間での面積になり、可変費用総額は市場供給曲線の下側の同じ区間での面積になります。こうして Q_0 だけの量の商品の取引から得られる最大の総余剰の値は、図の色を付けた部分の面積で表せることがわかります。そこで、例えば点線で示した分だけ取引量を大きくしてみましょう。このときも効率的

図10-8

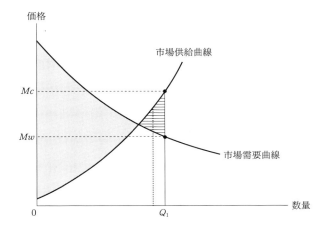

生産と効率的配分が成立しているとすれば、総余剰の値は Q_0 のときよりも網目模様で示した面積分だけ大きくなることになります。こうなったのは、Q_0 における限界支払意志の値 M_W が限界費用の値 M_C を上回っていたためです。したがって取引の大きさが、市場需要曲線と市場供給曲線の交点つまり短期均衡点に達するまで、このような増加が続くことは明らかです。

それでは取引の大きさが短期均衡点を超える値であればどうなるでしょうか。こうした場合を考えたのが**図10-8**です。短期均衡点における取引量を上回る取引量 Q_1 について、その生産が売り手の間で効率的に分担され、買い手の間に効率的に配分されたときの総余剰の値は、0から Q_1 までの区間における市場需要曲線の下側の面積から市場供給曲線の下側の面積を差し引いた値になります。これが図10-8の色をつけた部分の面積から横線模様の部分の面積を差し引いた値になることを確認してください。そこで点線で示した水準まで取引量を減らしてみましょう。横線模様の部分の面積が縮小する分だけ総余剰は増加することになります。そうなる原因は、Q_1 における限界支払意志の値 M_W が限界費用の値 M_C を下回っていることに求められます。

図10-7と図10-8による議論の結果を合わせれば、総余剰が最大になる取引の大きさが短期均衡点で決まる値になるという結論が得られます。**図10-9**で

図10-9

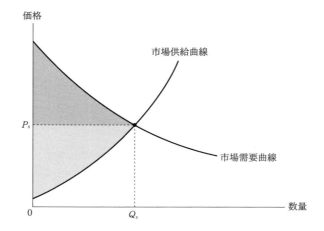

はこの値を Q_S とし、そのときの総余剰の値を表わす領域を、影をつけて示しています。図10-7で考えた取引量 Q_0、図10-8で考えた取引量 Q_1 と比べることで、この取引の大きさ Q_S の特徴が「買い手間で均等化されている限界支払意志の値と売り手間で均等化されている限界費用の値が一致していること」であるとわかります。これが効率的な取引量の大きさを表す条件なのです。そして短期均衡価格の値 P_S は、この一致した限界支払意志と限界費用の値になっていることがわかります。

10.5 市場の短期均衡と効率性

ここまで効率的配分、効率的生産そして効率的取引量の条件について見てきました。需要供給分析が考える市場における短期均衡の取引では、これら全ての効率性の条件が成立し、市場取引から得られる総余剰の値は最大化されます。最後の節では、この点を確認していきましょう。短期均衡においては、毎回の生産において売り手たちが短期均衡価格 P_S を予想し、その結果市場供給曲線が示す Q_S だけの生産が売り手全体として行われます。それが市場に出荷されることで売り手の予想通りの市場価格 P_S が成立することになります。

この状態で買い手たちは自分の限界支払意志が短期均衡価格に等しくなるように購入を行いますから、各人の限界支払意志の均等化が成り立つように商品は配分されます。したがって効率的配分が達成されます。売り手たちは限界費用が短期均衡価格 P_S と一致するように生産を行いますから、限界費用は売り手の間で均等化します。これにより生産の効率性が達成されます。しかも均等化された限界支払意志と均等化された限界費用はどちらも短期均衡価格 P_S に等しくなっていますから、限界支払意志と限界費用の値も均等化します。これによって短期の取引量は効率的なものになります。

　こうして短期均衡において成立する取引は、その市場において可能な最大の総余剰を実現できると言う意味で、理想的なものであると言えます。需要供給分析が想定するような市場の短期均衡においては、短期均衡価格を指標とした人々の自発的な行動により買い手の間の効率的な配分、売り手の間の効率的な生産、両者の間での効率的な取引量が実現し、総余剰が最大化されます。売り手と買い手の自由な取引に任せておけば、それだけで社会的に最も望ましい成果が達成できることになるわけです。

　ただし、この結論が現実の市場経済でそのまま成立していると考えるのは、先走り過ぎです。需要供給分析の想定する条件がどこまで当てはまるかが問題になりますし、短期均衡が概ね維持されている市場であるかどうかも吟味しなければなりません。市場取引が社会全体の利益をどのように増加させるかを理解するうえで重要な結果ではありますが、実際の市場の評価と結びつけるためには多く検討事項が残っているのです。

第11章

余剰分析

11.1 短期の比較静学と余剰分析

　需要供給分析では、生産者たちの短期的な生産量の調整は速やかに短期均衡点の状態に落ち着くとしていました。そこで短期と見なせる長さの期間継続すると考えられる変化が市場価格や取引に及ぼす影響を分析する場合、短期均衡点の動きに注目することで予測や説明を行うことになります。これが短期の比較静学です。一方、これらの変化が総余剰に及ぼす影響の分析は（短期の）**余剰分析**と呼ばれます。そして短期均衡の速やかな成立を前提することで、余剰分析も短期の比較静学と同じ枠組みの中で行うことが可能になります。

　短期均衡が速やかに成立するのなら、市場取引から発生する社会的利益の評価も短期均衡点において実現する総余剰だけに注目して行えば十分だと考えられます。また、毎回の超短期の市場取引がうまく機能していれば、買い手の間の効率的配分が成立することから、支払意志の総額を市場需要曲線により計ることができます。さらに売り手たちが短期均衡の市場価格を正しく予想するならば、効率的生産が実現することから、可変費用の総額を市場供給曲線によって計ることができます。したがって以上の条件が成り立つなら、これらの差額である総余剰の値も短期均衡点と同様に、市場需要曲線と市場供給曲線という二本の曲線によって求められるわけです。

　需要供給分析の魅力のひとつは、市場取引の変化の分析とその社会的評価に関する判断の双方を二本の曲線を描いた図だけで行えるという、この便利さにあります。以下の節では、短期の比較静学を通じた余剰分析がどのように行わ

れるかについて、いくつかの具体例を通じて示していこうと思います。

11.2　価格規制

　政府や自治体は様々な理由で市場への介入を行っています。その目的は必ずしも経済に関わるものとは限りません。けれどもそれが総余剰を低下させるものであれば、パレート基準を価値判断の一つとして認める限り、政策評価の上でマイナス材料になります。総余剰を減らさずに同じ政策目的を達成できる他の方法が無いか問われることになるでしょう。ですから介入政策の評価にあたっては、その政治的目的の可否や実行可能性に加えて、総余剰に与える効果も考慮する必要があります。

　こうした介入政策の具体的方法は、数量に関する規制と価格に関する規制に大別することができます。ここでは価格規制の代表例である価格の上限規制を採り上げることにしましょう。そのような規制が実施される理由は何であるかは一概には言えませんが、一つの説明は次のようなものでしょう。消費行動のモデルの説明のとき、人々は日頃目にする様々なものについて、それを入手する際の金額と結び付けて考える経験を重ねていると論じました。こうした経験は各々の商品への支払意志を定めるときの判断材料になると同時に、その商品の標準的ないし妥当な価格に関する感覚も作り出すと考えられます。いま何らかの理由で商品の入荷量が大幅に減少したとしましょう。それにより人々が妥当と考える値から市場価格が急激に上昇すると、往々にして商品の売り手や行政に対する道徳的な憤りの原因となります。その商品が塩や燃料のような日常生活に欠かせない商品である場合や、商品入荷量の減少の原因が戦争など行政の関与するものである場合には、こうした憤りは一層大きなものになるでしょう。これに対し市場における価格の上限を設定し、価格上昇を止めて見せるのが価格上限規制だというわけです。

　さて、仮に上限規制がいま説明した通りの理由で導入されたものだとすると、これは単に体裁を取り繕っただけの政策と言わざるを得ません。それが市場に及ぼす影響を示したのが**図11-1**です。もとの市場供給曲線は点線で描かれたものだったのが、何らかの理由により実線で描かれたものに変化し、価格

図11-1

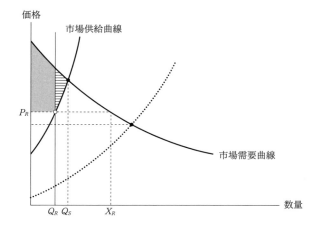

が大幅に上昇したという状況を考えています。政府が先ほど述べたような理由から、政府が市場での商品の販売価格が P_R を上回ることを禁止したとしましょう。市場需要曲線と市場供給曲線についてある程度の知識を持っている売り手たちなら、P_R の価格では買い手の需要量に応えるだけの商品が生産されないことを予想できるはずです。したがって市場価格が上限規制によって P_R で頭打ちになるだろうことも予想できます。そこで売り手たちは Q_R を生産し、その予想通りに市場価格 P_R で商品が取引されるという状態が短期均衡になるでしょう。

この図を見ると、市場供給曲線の移動によって発生した商品入荷量の減少が、価格規制の実施によってさらに悪化することがわかります。規制がなければ価格はさらに上昇したでしょうが、Q_S までの商品が生産されたはずです。高い価格であっても手に入れたいという買い手が、この数量までは現われたからです。けれども規制によって価格が P_R より上がらないことがわかれば、売り手は Q_R までしか生産しなくなります。価格の急激な上昇への人々の不満の内実はどのようなものかと言えば、「こんな非常識な値段では商品を手に入れられないから、商品を入手できる状態に戻してほしい」ということでしょう。これに対応するのが目的であるなら、政策実施前より商品が入手できなくなる

ことは失敗を意味します。これに加えて図の市場需要曲線と市場供給曲線から、商品を入手できなくなった買い手と商品生産を諦めた売り手の損失の合計として、横縞模様の部分の面積分だけ総余剰が低下することもわかります。余剰分析の観点から見ても支持できない政策ということです。

　この政策から発生する総余剰の損失は、実はこの面積分だけでは済みません。規制価格の水準では X_R という Q_R を上回る商品が需要されていますから、商品を買い手の間にどう配分するかという問題が起こるのです。正常な競り売りであれば、価格を P_R からさらに引き上げることで限界支払意志の高い追加的購入を選び出せるのですが、この方法は価格規制によって禁じられています。抽選などの方法を使って商品を得られる買い手を選ぶしかないでしょう。これでは限界支払意志が買い手の間で均等化される保証はありません。色を塗った部分の面積は限界支払意志が均等化され効率的配分が実現するときの消費者余剰の値ですから、これが成り立たないときの消費者余剰はさらに小さくなります。そのため価格規制による損失も横縞模様の領域の面積より大きくなってしまうのです。

　以上の議論からわかるように、価格規制は買い手たちの不満に表向き応えて見せるものでしかなく、実際には問題をかえって悪化させてしまいます。商品が高くなり過ぎて手に入れられないという買い手の不満は、価格が下がったが商品は以前に増して手に入らなくなったという不満に変わります。しかも商品を効率的に配分できなくなるので、不足した商品が本当に必要な買い手の手元に届く保証もなくなります。需要供給分析の想定が当てはまるような商品の場合、意図した目的にも反し総余剰も低下させるという意味で、価格の上限規制は避けるべき政策手段だと言えるでしょう。急激な価格上昇に対する買い手の不満に対応するなら、供給側に補助金を出すなどして市場供給曲線の移動幅の縮小をめざす政策の方が、まだしも弊害が少ないかもしれません。

11.3　個別消費税の効果

　政府・自治体は、公共サービス提供の財源を税金として徴収しています。ガソリン税、自動車重量税、酒税など、個別の商品に課税する**個別消費税**はその

一例です。需要供給分析は、こうした個別消費税の市場への影響を考えるのにも用いることができます。一般に税金徴収は人々の所得や消費など何らかの経済的指標に関連させて行うしかないため、人々の経済活動に影響を与えます。そしてその結果として、徴収額以上の利益が人々から失われてしまうのが普通です。こうした逸失分を税金の**死荷重**と呼びます。個別消費税に関する死荷重がどのような大きさになるか、余剰分析を用いて考えてみましょう。

図11-2はある商品の市場需要曲線と市場供給曲線を描いたものです。説明の便宜上、市場需要曲線を$D(p)$、市場供給曲線を$S(p)$と、どちらも価格pについての関数のグラフとして見ています。買い手は市場価格pに対し限界支払意志が一致するように商品需要量を選び、その合計として市場需要の値が決まるのですから、市場需要は価格pの関数と言えます。また、同一の市場価格pを売り手たちが予想するときこれに限界費用が一致する生産量を選び、その合計として市場供給の値が決まるのですから、これも価格pの関数と見ることができます。

この商品の1単位当たりに一定額の税金がかかる**従量税**を考えてみましょう（例えばガソリン税は、1リットル当たりで税金が徴収されるという従量税です。一般消費税のように、商品の販売価格の一定割合を税金として徴収する方式は**従価税**と呼ばれます）。具体的には、1単位当たりt円の従量税が課される場合を考えることにしましょう。現実にそうであるように、個別消費税は売り手から徴収されるものとします。すると市場価格p円で商品が売れた場合、そこからt円分は税金として徴収されてしまうので、売り手の手元に残るのは$p-t$円だけになります。価格pで商品1単位を売ることは、売り手にとってみれば$p-t$の収入にしかなりません。このためp円の市場価格を予想したときの各売り手の生産量は、課税前なら$p-t$円の価格が予測されたときに生産したであろう量まで減少します。

こうした行動変化の結果として、市場供給曲線を表す関数は当初の$S(p)$から$S(p-t)$に変化する（価格p円のときに$p-t$円のときの供給が行われる）ことになります。この新たな（課税後の）市場供給関数$S(p-t)$のグラフはどのように描かれるでしょうか。市場価格が$p+t$円になる場合を考えると、$S((p+t)-t)=S(p)$となって、もとの市場供給関数における$S(p)$とちょうど同

図11-2

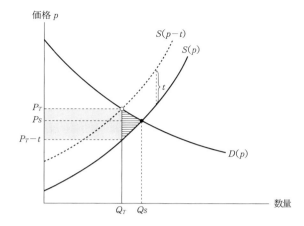

じだけの生産が行われることがわかります。ですから課税後の市場供給曲線は、もとの市場供給曲線を t だけ上に移動させた曲線になるのです。個別消費税の導入は売り手全員に知らされる情報ですから、どの売り手もこの変化した市場供給曲線を価格予想に用いるようになります。

　以上の点を確認した上で、図11-2を用いて課税の効果を見ていきましょう。課税前の市場供給曲線は実線で描かれています。課税後の市場供給曲線、$S(p-t)$ のグラフは、これを従量税率 t の大きさだけ上方移動させた曲線であり、点線で描かれています。個別消費税が課されなかった場合の短期均衡は図の●になります。これに対し税が課された場合の短期均衡は $D(p) = S(p-t)$ という等式が成り立つ点であり、○で表されています。市場需要曲線と課税前の市場供給曲線の縦の差が t に等しくなるところで取引量が決まる、という見方もできます。課税前と課税後の短期均衡点を比較すると、課税によって均衡価格は P_S から P_T まで上昇し、取引量は Q_S から Q_T まで減少することがわかります。

　課税後の総余剰について考えてみましょう。このときの消費者余剰は P_T の水平線と縦軸、市場需要曲線に囲まれた部分の面積になり、生産者余剰は $P_T - t$ の水平線と縦軸、市場供給曲線に囲まれた部分の面積になります。これ

図11-3

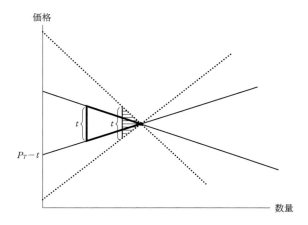

ら二つの部分にはさまれた太枠の長方形の面積、$Q_T×t$ は売り手から徴収される税金の総額を表しています。税収は、消費者余剰・生産者余剰と同じく、この商品の市場の取引から生まれた利益です。したがって税金の効果を分析するときには総余剰の一部として扱われます。市場取引からの利益の享受者として、商品の買い手、売り手以外に政府も加わったと言うこともできるでしょう。けれどもこの税収部分まで含めて総余剰を計算してみても、課税前の総余剰（$D(p)$ と $S(p)$ のグラフで作られる三角形の面積）と比べると横縞模様の部分の面積分だけ低下しています。商品の販売量に依存した税金徴収の実施が売り手の行動に影響を及ぼし、商品の取引量の低下による社会的損失が生じてしまったわけです。この損失が個別消費税による死荷重だということになります。

　個別消費税によって発生するこうした死荷重の大きさは、市場需要曲線、市場供給曲線の形状によって異なってきます。二つの曲線は市場価格に対する買い手と売り手の行動を集約したものですが、それらが持つ情報は課税の効果の予測にも用いることができるのです。この点を示したのが**図11-3**です。ただし話の要点だけ示すために、市場需要曲線・市場供給曲線のどちらも直線であるような単純な場合について考え、それらの傾きの大きさが異なるときに生じる死荷重の違いについて見ています。

　この図には実線と点線それぞれで示した二組の市場需要曲線・市場供給曲線

を、課税前の短期均衡点が同じになるようにして描いてあります。いま単位当たりの課税額 t の従量税が導入されたとしましょう。このとき課税後の均衡では、市場需要曲線と課税前の市場供給曲線の縦の差が t になるところで取引量が決まるのでした。図のように二つの曲線がどちらも直線である場合には、死荷重は当初の短期均衡点を頂点とし、高さが当初の取引量と課税後の取引量との差、底辺が t であるような三角形の面積になります。このことから、市場需要曲線・市場供給曲線の傾きが緩やかな場合の方が死荷重の大きさが大きくなることを確認できるでしょう。これら曲線の傾きが緩やかだということは、価格が変化したときの売り手・買い手の反応が大きいことを表しています。課税によって販売価格が少しでも上がれば買い手は大きく購入量を減らすし、税引き後価格が少しでも下がれば売り手は大きく生産量を減らすというという意味で、課税が人々の行動に与える影響が大きい商品というわけです。そうした商品に課税するときには税金徴収に伴って発生する社会的損失は大きい、というのが図11-3の分析から得られる予測になります。税金を徴収する必要があることは明らかですし、その適正な使用に関する議論は財政支出全体に関する枠組みの中で考えなければなりません。しかし上に示した余剰分析の結果は、同じ金額を徴収するならどのような商品に課税した方が社会的負担を小さくできるかという、課税のあり方に関する判断の指針として役に立ちます。

　図11-2に戻ると、この図の比較静学からは個別消費税の一部を（課税が行われなかった場合と比べての）商品価格の上昇という形で買い手が負担することになるのがわかります。税金を徴収する直接の対象は売り手なのですが、その負担は買い手にも及ぶのです。制度上の納税義務者以外の者も税金の一部を負担しているとき**税の転嫁**が起きていると言いますが、これはその代表的事例です。1単位当たり t 円の税金のうち価格上昇分にあたる $P_T - P_S$ が転嫁されることになりますから、$\frac{P_T - P_S}{t}$ を売り手から買い手への税負担の転嫁の程度を測る尺度と考えることができます。こうした転嫁の程度についても市場需要曲線と市場供給曲線の形状から予測することができます。興味を持った人は公共経済学の教科書などで調べて見てください。

図11-4

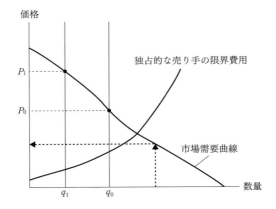

11.4 単純独占市場

　需要供給分析は多数の小規模な売り手がいるような市場を考えています。けれども現実の市場では、少数の大企業が売り手である事例がしばしば見られます。単純独占の理論は、売り手が大規模で少数であることが市場取引にどのような影響を及ぼすか、需要供給分析を比較の基準として考えるものです。具体的には、需要供給分析の他の設定はそのままにしながら、売り手に関する設定だけを単独の大規模企業に変更します。この変更が需要供給分析の結果とどのような違いを生み出すか調べていこうというわけです。

　売り手が一人しかいない場合を考えたとき、まず気がつくのはその売り手の生産量と市場価格の間に明確な関係が成り立つことです。この点を確認したのが図11-4です。独占的な売り手が生産量を q_0 にすれば、それが出荷された市場で価格は P_0 になるし、q_1 にすれば P_1 になります。自分の生産量だけで価格が決まることから、市場需要曲線のデータさえあれば、独占的売り手は市場価格を簡単に予測できます。さらにこの図のように売り手が大規模で、価格に影響するような生産量の変化を生み出せるほど限界費用曲線の傾きが緩やかな場合は、市場価格を予想できるだけでなく生産量変更によってコントロールすることも可能になります。

このような場合に、生産量をあえて少なめに設定することで高い市場価格を実現しようとする誘因が売り手に生まれることは、すでに第7章で見たとおりです。自分の行動と商品の市場価格の間の関係を認識し自分の都合の良いように価格を動かすことを、**価格支配力の行使**と言います。大規模な独占的売り手は、生産者余剰を大きくするために価格支配力を行使することができるわけです。それでは独占的な売り手が選ぶ生産量は具体的にどのようなものになるでしょう。独占的売り手が市場需要曲線の形状について十分な知識を持っていることは前提とした上で、考えてみましょう。

独占市場での売り手の行動を考えるときには、図11-4の矢印で示したように、市場需要曲線を数量軸の方から逆に読んで生産量の関数 $P_d(q)$ として扱うのが便利です。これを**逆市場需要関数**と呼びます。独占的な売り手の立場から、生産量の各水準を選んだときにどれだけの市場価格で売れることになるか、という関係として考えるのです（数量の関数である個別の買い手の限界支払意志のグラフを縦軸から逆に読んで需要関数を考え、これを全ての買い手について横に加えることで市場需要曲線を導いたのですが、それを再び横軸から読んでいるわけです）。このとき生産者余剰は

$$販売収入 - 可変費用 = P_d(q) \cdot q - VC(q)$$

と表されます。独占的な売り手はこれを最大にする生産量を選ぶことになるでしょう。

独占的売り手が選ぶ生産量を特徴づけようとするときに重要な役割を果たすのが、**限界収入**という概念です。これは生産量の変化1単位当たりの販売収入の変化の値のことです。連続的な量で量られる商品の場合、限界支払意志や限界費用がそうだったように、限界収入は販売収入の関数 $P_d(q) \cdot q$ の微分係数として定義されます。その経済学的な意味を理解しておくと後の議論に役立ちますので、少しくわしく見ていきましょう。

図11-5を用いて売り手が市場の商品の数量を q_0 から q_0+h まで増やすときの売上収入の変化を見ると、⊕と書いた長方形の面積だけ増加している一方で⊖と書いた長方形の面積だけ減少していることがわかります。前者は販売される商品の量が増えることによる収入の増加です。これに対して後者は、販売量

図11-5

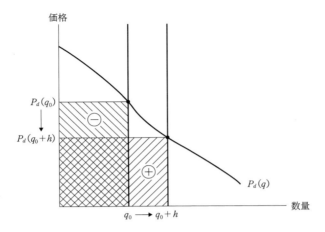

を増やすことで市場価格が低下したために、もとから販売するはずだった商品について安く売らねばならなくなったことによる収入の減少と言えます。

これらを数式で表すと次のように書けます。

$$P_d(q_0+h)\cdot h+(P_d(q_0+h)-P_d(q_0))\cdot q_0$$

この式の第1項が⊕の、第2項が⊖の長方形の部分に対応しています（第2項では $P_d(q_0+h)-P_d(q_0)<0$ であることに注意してください）。生産量の変化1単位当たりの収入の変化は、これを h で割った

$$P_d(q_0+h)+\frac{P_d(q_0+h)-P_d(q_0)}{h}\cdot q_0$$

という値になります。限界収入はこの値が h をゼロに近づけていくときに近づく値として定義され、それは逆市場需要関数の微分（h をゼロに近づけていくときに $\frac{P_d(q_0+h)-P_d(q_0)}{h}$ が近づいていく値が逆市場需要関数 $P_d(q)$ の q_0 における微分 $P'_d(q_0)$ です）を用いて $P_d(q_0)+P'_d(q_0)\cdot q_0$ と表せます。どの生産量でも同様の議論ができるので、限界収入は $MR(q)=P_d(q)+P'_d(q)\cdot q$ という生産量 q の関数として表すことができます。ここまでの議論から、その第1項が図11-5の⊕、第2項が⊖の長方形に対応していることがわかるでしょう。

図11-6

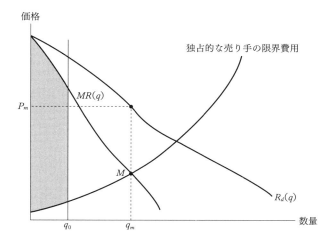

　図11-6は、市場需要曲線と独占的売り手の限界費用曲線の図に、このようにして導かれた限界収入関数のグラフ（**限界収入曲線**）を重ね合わせたものです。ある販売量 q での限界収入 $P_d(q) + P'_d(q)\cdot q$ を考えると、その二つの項のうち⊕部分に対応する $P_d(q)$ の項は市場価格の値そのものになりますが、⊖に対応する $P'_d(q)\cdot q$ の項がマイナスの値で加わります。この効果により限界収入の値は市場価格より小さくなります。こうして限界収入曲線は、$q=0$ のときだけ（$P'_d(0)\cdot 0 = 0$ となるために）市場需要曲線と一致し、プラスの販売量ではその下方を通ることになります。図のような右下りの連続な曲線として描かれることが多く、重要な結論を示すだけならこうした場合を考えれば十分ですので、以下ではこれを仮定します。

　限界収入は売り手の販売収入を生産量の関数として微分したものです。微分積分学の第一基本定理を思い出してもらえば、ある生産量において独占的な売り手が得る収入の値は、0からその生産量までの区間における限界収入曲線の下側の面積で表わせることがわかります。この値から可変費用を、つまり0からその生産量までの区間における限界費用曲線の下側の面積を、差し引いた値が生産者余剰です。したがって例えば生産量 q_0 を選んだ場合の生産者余剰の

第11章　余剰分析　123

図11-7

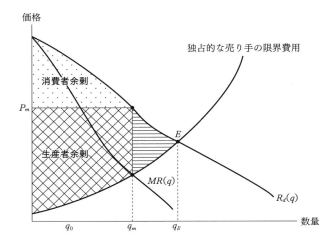

値は、図の色を塗った部分の面積になります。この面積は限界費用曲線と限界収入曲線の交点 M まで生産量が増えるにつれて増加しますが、それを超えて生産量が増えれば逆に減少していきます。つまり生産者余剰が最大になるのは、この点で決まる q_m の生産量を選んだときです。独占的売り手がそのような生産量を選ぶ結果、市場での価格は P_m に決まります。これが単純独占市場の市場均衡です。M 点で決まる均衡生産量は、限界収入と限界費用の均等化という条件で特徴づけることができます。限界収入は市場価格よりも低い値になるのでしたから、この生産量での限界費用は市場価格よりも小さくなることがわかります。

それでは売手独占の市場均衡での総余剰はどのような大きさになるでしょう。買い手は生産された q_m だけの商品を市場において価格 P_m で購入します。市場取引の行われ方は需要供給分析の場合と変わらないと仮定されていますので、買い手の限界支払意志は均等化され、効率的配分が実現します。こうして支払意志の総額は 0 から q_m までの区間の市場需要曲線の下側の面積になり、そこから実際の支払額を差し引いた、**図11-7** の点模様の領域の面積が消費者余剰になります。生産者余剰については、図11-6のように限界収入のグラフ

と限界費用のグラフの間の面積として表すこともできますが、消費者の支払額を表す $P_m \cdot q_m$ の長方形の面積から可変費用の金額を差し引くことで、網目模様の領域の面積として表すこともできます。これらを合わせた値が単純独占市場の取引から生まれる総余剰となります。

　けれども図を見れば明らかなように、消費者余剰と生産者余剰を合わせたこの領域の面積は生産量が増えるにつれてまだ増加する余地があります。さらに図10-7、図10-8による議論のときと同様にして、総余剰の値が最大になるのは独占的売り手の限界費用曲線と市場需要曲線が交わる E 点の生産量 q_E が選ばれたときであることも確認できます。売り手の数がどうであれ、総余剰が支払意志総額から可変費用の総額を差し引いたものであることに変わりはないからです。E 点では市場価格（＝買い手の限界支払意志）と売り手の限界費用の均等化、つまり第10章で述べた効率的な市場規模の条件が成り立っていることに注意しましょう。単純独占の市場均衡における総余剰の値は、この場合の総余剰と比較して横縞模様の領域の面積分だけ小さいことがわかります。

　独占的な売り手が市場価格と限界費用を一致させる効率的な取引規模を選ばないのはなぜでしょうか。式の上での答えは、限界収入が常に市場価格より低い値をとるからということになります。すでに述べたように、生産量が正の値をとる限り限界収入に関して

$$MR(q) = P_d(q) + P'_d(q) \cdot q < P_d(q)$$

という不等式が成り立ちます。独占的な売り手が選ぶ生産量も総余剰を最大にする生産量も正の値であることが普通ですから、限界収入と限界費用を一致させようとする独占的売り手の選ぶ生産量は、市場価格と限界費用を一致させる生産量と一致しません。この不一致の原因になるのは図11-5の⊖部分に対応する効果、つまり売り手の生産量変更による市場価格の変化が収入に及ぼす効果です。

　大規模な独占的売り手は生産量変更によって市場価格を動かせます。第7章で見たように、そのような影響力を持つ売り手には生産を抑えて高い市場価格を実現しようとする誘因が生まれます。市場価格の変化を自身の生産者余剰の増加に利用しようとするために、独占的売り手の選ぶ生産量は社会的に望まし

い生産量と相違してしまうのです。横縞模様の領域が表す総余剰の減少の原因がこのようなものであることから、この総余剰の低下分は**独占による損失**と呼ばれます。単純独占に関するこうした結果は、大規模な企業の価格支配力に対して警戒すべきだという議論の理論的根拠となっています。

第12章

長期における調整

12.1 長期に関する議論

　需要供給分析における長期とは、商品の生産・販売のための投入の全てが可変的と見なせる長い期間を指すのでした。具体的には年単位で数えるような期間と言えるでしょう。そうした長い期間で見たときの売り手の行動は、短期のそれのような当面の市場の状況に対応するためのものとは異なる視野と内容を持つようになります。長期における売り手の行動とその結果を明らかにしようというのが、長期の需要供給分析の主な目的です。

　ただし長期の分析が考察する状況については、超短期及び短期の分析とは異なる解釈が必要になります。需要供給分析は、対象とする商品の市場を他の商品や投入の市場から切り離して分析します。これが許されるのは、一定の期間内であればそうした他市場からの影響は、当該市場の価格と取引量の決定の直接的要因（市場需要と市場供給）を大きく動かすものにはならないと考えられるからでした。すべての投入が可変的と考えられるような長い期間については、さすがにそのような正当化は困難です。他の市場で起こる価格や取引量の変化の影響は累積的なものになり、需要にも供給にも目に見える効果を及ぼすでしょう。そこで長期の需要供給分析は、超短期や短期の分析と同じく特定の商品の市場の議論ではあるのですが、まずはすべての市場で均衡が成立している状態を想定するという方法を採るのです。

　短期の場合の議論と同様に、ここで述べている均衡状態において、価格や取引量が全く変化しなくなるわけではありません。一、二日程度しか影響が持続

しない偶発的な超短期の要因による変化は起こり続けているでしょう。さらに、需要の季節的変化やその年の気象条件など、数か月から1年程度の短期的で長くは尾を引かない要因による変化も起こるかもしれません。けれどもそれらの変動をならして「長期的」な視野でみたとき、市場価格も取引量も一定の水準に落ち着いているというわけです。そして取引を行う人々も、発生する変化は短期（超短期）的なものにすぎないことがわかっていて、短期（超短期）的な対応しかしないのです。その意味で、ここで述べているのは経済全体としての**長期均衡**の状態だということになります。

長期の需要供給分析は、こうした意味での経済全体としての均衡を想定したうえで、当該の市場ではどのような条件が成り立っていなければならないかを考えます。そのような前提から出発するなら、他の商品や投入の市場は既に均衡していてそれ以上の変化が起こることはないのですから、この商品の需要や供給に何らかの影響を及ぼすということもありません。対象とする市場を他の市場から切り離して分析することが、再び可能になるわけです。

これは市場需要曲線と市場供給曲線という二本の曲線のみによる分析を長期の議論にまで拡張できるようにするための便法なのですが、長期における売り手たちの調整が予定調和的なものであるかのような誤解を与えかねないのも確かです。需要供給分析の成立以後の経済理論の発展により、すべての市場が均衡するような経済の状態が論理的に可能であることの確認は進んでいますが、その状態にどのようにして到達するのかという問題は残ります。当面の市場の状況に関する情報を集めればすむ短期の意思決定と違い、長期の意思決定は事業運営の内容や方向性に関わるものです。したがって売り手に必要とされる情報の収集や判断も困難なものになり、それにもとづく行動も相当に試行錯誤的なものにならざるを得ません。しかも現実の経済では、すべての商品の市場においてこうした誤りを伴う調整が同時進行することになるため、その過程自体が最終的な均衡を動かしていく可能性もあるでしょう。

次節以降の議論は、「当該市場での長期の市場価格をある水準としたとき、売り手に関してどのような条件が成り立っていなければならないか」という形で進められ、そのなかで長期における売り手の行動調整の内容と特徴が整理されていきます。けれどもそれらについて、既知の均衡状態を既定の路線として

図12-1

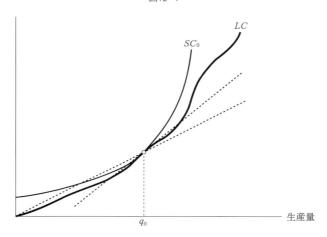

目指していくといった、機械的な調整パターンに矮小化した捉え方をしているわけではないことを覚えておいてください。

12.2 生産活動における調整

前節で述べたとおり、すべての市場で長期の均衡状態が成立しているとしましょう。需要供給分析が分析の対象としている特定の商品の市場においても、長期の均衡価格が成立しています。それでは、各々の売り手はこの価格に対してどのような生産量を選んでいるでしょうか。

この問題に答えるには、短期の議論のときと同様に売り手の費用関数について考えねばなりません。ただし長期においては全ての投入が可変的となりますから、生産活動に関しての自由度が増します。その結果何が起こるかを簡単に説明するために、短期において固定的となる投入が一種類のみの場合を考えてこれを「固定的投入」と呼ぶことにし、**図12-1** の SC_0 のグラフはその投入量が X_0 に固定されている場合の短期の費用関数のグラフ（**短期費用曲線**）を表わしているとしましょう。するとどの生産量においても、SC_0 で示されている費用の値を長期の費用が上回ることはありません。長期においては固定的投入の

図12-2

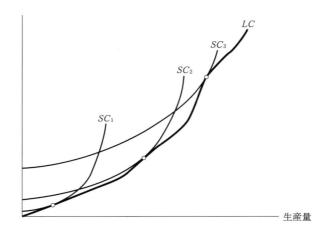

投入量も生産量に合わせて変更可能ですから、それを X_0 にすることで費用を最小にできる生産量のときはそうするし、そうでない生産量では他の投入量を選んでより低い費用を実現できるからです。他方で費用を最小にする固定的投入の投入量が実際に X_0 に一致する生産量では、長期の費用は SC_0 に対応する短期における費用と等しくなるでしょう。この生産量が図の q_0 であるとすると、長期の費用関数のグラフ（**長期費用曲線**）はこれ以外の生産量では SC_0 の下を通り、q_0 において SC_0 に接することになります。

そこで、固定的投入の投入量の異なる水準に対応して、異なる短期費用曲線を**図12-2** の SC_1、SC_2 等のように描いてみましょう。このいずれに対してもいま述べたのと同様の議論ができますから、図12-2 の LC のように、長期費用曲線はそれぞれの短期費用曲線の下側を通り一点においてだけ接するという具合になります。そこで固定的投入のあらゆる投入量に対応する短期費用曲線をすべて描いたとすると、それらによって作られる領域の下側からの境界線が、つまりそれらすべてと接点を持つような曲線（これを**包絡線**といいます）が、長期費用曲線だということができます。複数種類の固定的投入がある場合でも、この結論に変わりはありません。

この性質を用いることで、平均費用および限界費用についても、短期と長期

図12-3

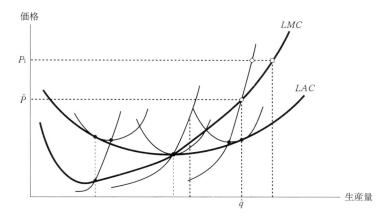

のグラフの間の関係を導くことができます。図12-1に戻って短期費用曲線 SC_0 と長期費用曲線 LC の接点を見てみましょう。第6章で図6-1を用いながら説明したように、費用曲線上の各点における限界費用の値はその点での接線の傾きの大きさで表わせ、平均費用の値はその点と原点を結ぶ直線の傾きの大きさで表わせるのでした。そこで図の点線が示す通り、SC_0 と LC の接点の生産量 q_0 においては平均費用と限界費用のどちらについても短期と長期の値が一致することになります。さらに、この生産量の前後では短期の限界費用の増加の仕方が長期の限界費用よりも大きいことが、SC_0 と LC の接線の傾きの変化を追うことによって確認できます。つまり、前者のグラフは q_0 において後者のグラフに下方から交差するわけです。他方で平均費用は費用を生産量で除した値ですから、q_0 の前後で短期の平均費用が長期の平均費用を下回ることはなく、この生産量において前者のグラフは後者のグラフに上方から接することになります。

　以上の観察から、固定的投入の投入量が異なる様々な短期に関する平均費用と限界費用のグラフ（**短期平均費用曲線**、**短期限界費用曲線**）を、図12-3のように長期の平均費用と限界費用のグラフ（**長期平均費用曲線**（LAC）、**長期限界費用曲線**（LMC））と関係づけることができます。各々の短期平均費用曲線は、も

とになった短期費用曲線が長期費用曲線と接する生産量において長期平均費用曲線に接します。対応する短期限界費用曲線は、これと同じ生産量において長期限界費用曲線に下方から交差します。ただし、長期の平均費用曲線と限界費用曲線が図の太線のような形状になるという点については、説明が必要です。

この図に細い線で描かれた短期平均費用曲線は、第6章の議論によりU字形をしていて、底になる点で対応する（同じく細線で描かれた）右上がりの短期限界費用曲線と交差しています。長期平均費用曲線についてはどうでしょう。長期には全ての投入が可変的になりますから、長期平均費用とは長期平均可変費用にほかなりません。ですから、長期平均費用曲線については第6章で見た平均可変費用曲線と限界費用曲線の間の関係についての議論を適用できます。つまり、生産量がゼロに近づくにつれて長期平均費用は長期限界費用に近づくこと、長期平均費用が長期限界費用より低い（高い）値をとるときは生産量の増加に伴って上昇（低下）することなどが言えるわけです。このため、仮に長期限界費用が最初から逓増するとしたら長期平均費用も最初から逓増するでしょう。

けれども短期において限界費用逓増が導かれたのは、一部の固定的投入の投入量を変えられないために、生産増加につれて投入が可変的なものに偏るからでした。長期においては、短期には固定的とされていた投入を調整するだけの時間があります。そして機械設備や倉庫などの固定資産については、規模の拡大がそれに比例する以上のサービスを生む傾向を持つでしょう。また労働作業についても固定資産の増設に合わせて再編成するだけの時間があり、働く側もそれに慣れていくだけの時間があることから、分業や協業の利益を十分に生かすことも可能でしょう。こうして生産の拡大が売り手の事業の組織全体としての適応を伴う場合には、生産増加に伴う費用増の大きさは、生産量が大きくなるにつれてむしろ低下するかもしれません。**限界費用逓減**が起こる可能性があるのです。

他方で生産拡大が事業組織の負担を増加させる側面もあります。活動の規模が大きくなれば、作業全体を円滑に動かすための連絡業務や監督業務が増えていきます。このような組織全体の管理業務による負担増が限界費用を増やす要因となります。また、そもそも生産拡大への事業全体の適応に安易なマニュア

ルがあるはずもなく、事業を運営する者自身の創意や判断力、指導力などが必要になります。これらに関して要求される水準は事業規模が大きくなるほど高くなるでしょうから、組織全体を生産拡大に適応させる際のボトルネックになると考えられます。経営能力の限界も長期における限界費用逓増の原因になるわけです

　こうして需要供給分析の標準的な議論では、長期限界費用は生産量が小さいうちは逓減していくが一定の水準を超えると逓増するようになると考えます。長期限界費用曲線は図12-3に描いたようなU字形となり、その結果として長期平均費用曲線もU字形になります。長期限界費用曲線が与えられれば、第7章で図7-1を用いて行ったのと同様の議論によって、この売り手の利潤を最大にする生産量が限界費用を価格に一致する水準であると言えます。例えば価格が図12-3の$\hat{P}$であるなら、利潤を最大にする生産量は$\hat{q}$です。これ以外の生産量を選んでいれば、利潤を増加させるための生産量の変更が起こるでしょう。ですから、生産を行っている売り手が限界費用を均衡価格に等しくする生産量を選んでいることが、長期均衡成立の条件の一つになります。

　非現実的な想定ですが、他の条件を一定としてこの市場で予想される価格だけが$\hat{P}$からP_1に上昇したとしましょう。固定的投入が変更できない短期には売り手は短期費用関数のもとで行動するしかないので、短期限界費用曲線に沿って生産量を$\hat{q}$から◇で示した点まで増加させるでしょう。しかし時間の経過とともに固定的投入の調整も可能になり、やがて長期限界費用曲線に沿って行動できるようになります。短期費用曲線が長期費用曲線に接する生産量の前後では、対応する短期限界費用曲線は長期限界費用曲線に下方から交差するので、後者の方が傾きは緩やかです。さらにすでに述べたように、長期の方が生産の調整に関する制約が緩やかですから、通常は長期限界費用曲線の方が短期限界費用曲線より傾きが緩やかであると考えられます。こうして長期における売り手の反応は、図の□の点で示されるように短期より大きなものになるでしょう。

図12-4

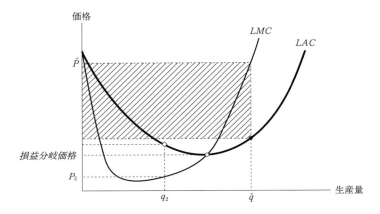

12.3 参入・退出による調整

　長期における売り手の行動調整は、生産量の変更に留まるものではありません。すべての投入の変更ができるほど長い期間であれば、転業や新規開業を行うことも可能になりますから、分析の対象としている市場の売り手の数や構成も一定ではなくなります。ある商品の生産事業を新たに始めることをその市場への**参入**と言い、打ち切ることをその市場からの**退出**と言います。売り手による調整は参入・退出という形でも行われるのです。

　いま分析の対象としている商品について、**図12-4**に描かれた長期平均費用曲線と長期限界費用曲線のような費用条件を有している売り手を考えてみましょう。長期均衡価格が$\hat{P}$であるとき、この売り手は長期の生産量として長期限界費用がこの値に等しくなる$\hat{q}$を選びます。その生産にかかる平均費用の値は●の点で示した高さになり、これを価格$\hat{P}$から差し引いた金額が商品1単位当たりの利潤です。したがってこの値に生産量を掛けた値、斜線部の長方形の面積が利潤の総額になります。長期には固定費用となる支出はなくなります（ただし固定的でなくなっただけで、それらの費用が依然としてかかることに変わりはありません）から、利潤の金額はそのまま生産者余剰の金額です。つまりこの長方形の金額が、この市場での取引から売り手が得る利益になっているわけで

す。

　さて短期において固定的だった費用のうちには、売り手自身の機会費用も含まれていました。これは売り手がこの商品の市場から退出して他の市場に参入して事業を行った場合に得られるだろう金額です。売り手の費用からこの機会費用を差し引いた金額のことを、この本では、売り手にとっての事業の「実費用」と呼ぶことにします。いま利潤は 0 以上の値になっており、利潤とは収入 $\hat{P} \cdot \hat{q}$ から費用を差し引いた金額ですから、

$$0 \leq 利潤 = \hat{P} \cdot \hat{q} - 売り手の機会費用 - この事業の「実費用」$$

すなわち

$$売り手の機会費用 \leq \hat{P} \cdot \hat{q} - この事業の「実費用」$$

という不等式が成り立っています。収入 $\hat{P} \cdot \hat{q}$ から「実費用」を差し引いた金額とは、売り手がこの商品の生産から得ている金額に他なりません。つまり売り手は転業をしても現行の事業を超える金額を得ることはできないということです。こうして長期において 0 以上の利潤を得ている売り手は、この市場から退出する誘因を持たないでしょう。

　これに対して価格がたとえば P_2 だった場合、売り手の利潤を最大にする生産量は価格と長期限界費用が等しくなる q_2 になります。この売り手が商品の生産を行うのであれば、選ぶ生産量はこの値になるはずですが、そのときの長期平均費用は◇の点の高さになっています。これを価格 P_2 から差し引いた金額である商品 1 単位当たりの利潤が負ですから、利潤の総額も負になります。先ほどの場合とは逆に、売り手は転業をした方が現行の事業より大きい金額を得られるわけです。ですから長期的には固定資産等を処分して退出していくでしょう。こうして長期均衡の成立のためには、「現行の売り手が得ている利潤がゼロ以上である」という条件を追加しなければなりません。さもなければ時間がたつにつれて、売り手の中に退出する者が出てくることになり、生産量が減っていきますから、価格と取引量が（長期的に）一定の水準に落ち着くという長期均衡が成り立たなくなってしまうのです。

　これと同様の理由で、長期均衡成立のためには参入が起きてもいけません。

時間と共に新たな売り手が現れて生産を開始していくようであれば、生産量が増えていってしまうからです。ではどのようなときに参入が起こるのでしょうか。いま図12-4の長期平均費用曲線と長期限界費用曲線を、現在は他の事業を行っている潜在的な売り手がこの商品の生産を行った場合に実現できる、費用条件を表したものだとしましょう。ただし、現行の売り手の場合と異なるのは、この潜在的売り手が現時点での事業から得ている金額が機会費用として計上されているという点です。仮にこの商品の生産を始めるとすれば、現在行っている事業を止めねばなりませんから、そこから得ている金額が機会費用になるわけです。もしもこの市場の価格が$\hat{P}$であるなら、この潜在的売り手は参入した場合に生産量$\hat{q}$を選ぶことで正の利潤が得られます。つまり

$$0 < 利潤 = \hat{P} \cdot \hat{q} - 現在ほかの事業で得ている金額 - この事業の「実費用」$$

となるので、この潜在的売り手が参入した場合に得られる金額（$\hat{P} \cdot \hat{q}-$ この事業の「実費用」）は現在ほかの事業で得ている金額を上回ります。したがって、この潜在的売り手は参入してくるでしょう。以上の議論から、長期均衡成立のためには「潜在的な売り手が参入しても正の利潤を得られない」という条件も必要になることがわかります。

　前節で述べたように長期平均費用曲線がU字形をしていることを前提にすると、参入と退出に関する条件はもう少し簡単に表現できます。このとき長期平均費用はU字形の底の○の点で最小となります。価格がこの最小の平均費用の値より小さければ、売り手がどのような生産量を選んでも利潤は負になってしまいます。逆に価格がこの値以上であれば、長期限界費用曲線に沿って生産量を決めることでゼロ以上の利潤を獲得できます。こうした理由から、平均費用の最小値が存在するとき、その値をこの売り手の**損益分岐価格**と言います。そこで、退出が起きないための条件は「価格が現行の売り手の損益分岐価格以上の水準にある」こと、参入が起きないための条件は「価格が潜在的売り手の損益分岐価格を下回ること」と言い換えることができます。

　各売り手は価格が損益分岐価格まで上昇したところで参入し、例えば図12-4で描かれた売り手ならば、○の点における生産量から生産を開始することになります。それ以上の価格に対しては、限界費用が等しくなる生産量を選んで

いきますから、この売り手の長期の供給曲線は長期限界費用曲線に一致します。損益分岐価格より低い価格では退出してしまうので、長期の供給量はゼロになり、長期供給曲線は図の縦軸に一致します。

参入・退出に関連してもう一つ注意しておきたいのは、参入してこない売り手だからといって、当該商品の生産において現行の売り手たちより能力的に劣っているとは限らないことです。「実費用」だけで比較すれば現行の売り手たちよりはるかに低い金額で生産活動ができる売り手でも、他の事業で莫大な利益を得られるために、機会費用が大きすぎて参入を選ばないという可能性は十分に考えられます。野菜の生産に優れた売り手でも、生花の生産ではさらに優れた技術を利用でき一層大きなもうけが得られるとしたら、野菜の市場に参入しようとはしないでしょう。

12.4　長期均衡

ここまでの議論で明らかになったように、この市場の売り手について長期均衡において成り立っていなければならない条件は以下の通りでした。
①この商品を生産している売り手は、長期限界費用を長期均衡価格に等しくするように生産量を選んでいる。
②長期均衡価格は、この商品を生産しているすべての売り手の損益分岐価格以上の値である。
③長期均衡価格は、この商品を現在生産していない潜在的な売り手すべての損益分岐価格を下回っている。

これらの条件を満たす長期均衡価格がどのように決まるかを見るための重要な分析道具として、長期の市場供給曲線を導いていくことにしましょう。

いま、Q_1 のような生産量を考えてみます。この値が長期均衡での売り手全体としての生産量であるとしたら、長期均衡価格の値はどのようなものでなければならないでしょうか。この問いに答える準備として、潜在的売り手も含めたすべての売り手に対し、損益分岐価格の低い順に番号をつけていくことを考えて見ましょう。そして例えば m 番目までの売り手の供給曲線を、図7-6での議論と同様に横に加えていくことにし、得られた曲線が**図12-5**の S_m であ

図12-5

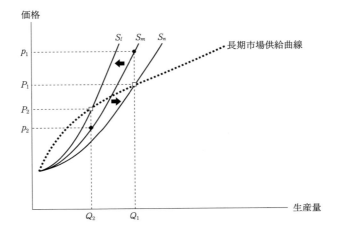

るとします。この曲線は、商品の売り手が m 番目までの売り手に限られるとしたら、生産量 Q_1 が市場に供給されるために価格がどこまで上昇しなければならないかを表わすグラフとして読むことができます。図によれば、その値は●の点で決まる p_1 と表した値になります。

　問題はこの価格が参入・退出を引き起こす可能性があることです。図12-5では、m 番目以降の潜在的売り手のなかに損益分岐価格より p_1 の方が高くなる者がいる場合を考えています。こうした売り手が参入を始めて売り手の数が増えていくと、売り手たちの数を一定として描かれたこの供給曲線は、より多くの売り手の供給曲線を横に加えた、より右側に膨らんだ形の曲線に移行していきます。その結果、Q_1 を市場に供給するために必要とされる価格も低下していくことになります。こうして、例えば売り手の数が m より大きな数 n まで増えるとき、参入によって低下した価格より低い損益分岐価格を持つ潜在的売り手はいなくなり、参入は止みます。参入・退出まで考慮に入れたとき、Q_1 が長期均衡での生産量であるための長期均衡価格の値はこの価格、大文字で書いた P_1 になるわけです。

　そこで、こんどは Q_2 のような生産量の値を考えてみましょう。ふたたび m 番目までの売り手の供給曲線を横に加えた曲線を S_m から話を始めることにす

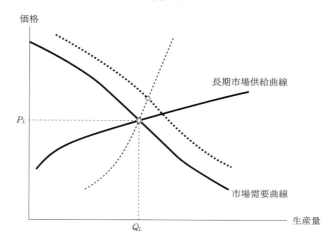

図12-6

ると、これらの売り手により生産量 Q_2 が市場に供給されるための価格は◆の点で決まる p_2 であることがわかります。図では、これら m 人の売り手の中に損益分岐価格が p_2 を上回る者がいる場合を考えています。そのような売り手が退出を始めて売り手の数が減っていけば、売り手たちの数を一定として描かれた供給曲線は、売り手の数の減少に伴ってより左側に縮んだ曲線に移行していきます。これにより Q_2 を市場に供給するために必要となる価格の値は上昇していき、例えば売り手の数が m より小さな数 l まで減ったところで、そのときの値 P_2 より高い損益分岐価格を持つ売り手はいなくなり、退出が止まります。こうして P_2 が、長期均衡において Q_2 だけの供給が行われるときの長期均衡価格になります。

　以上のような議論を各生産量で行っていくことにより、図12-5に点線で描いたような、**長期市場供給曲線**が得られます。これを市場需要曲線と重ね合わせて、太い実線で描いたのが**図12-6**です。他のすべての商品の市場が長期均衡の状態にあるとき、この市場での商品の価格と取引量がこれらの交点で決まる P_L と Q_L であったとしましょう。Q_L だけの出荷が行われたとき、それらの商品は買い手によって P_L の価格で確かに買い取られます。そして、この価格が長期的に維持されると売り手たちが予想していれば、参入も退出も起こるこ

とはありません。生産を行っている各売り手は、すべての投入をおのれの望む比率で投入しながら、その費用条件のもとで利潤を最大にする生産を行っているので、生産量を変更しようとはしません。よって長期的に Q_L だけの出荷が維持されます。P_L と Q_L は、この市場における長期の均衡価格と均衡取引量であると言えるわけです。

　長期均衡に関する以上のような需要供給分析を短期の分析と比較するとき、市場供給曲線の傾きが非常に緩やかなものになるであろうことがわかります。予想される価格が変化したときの生産量の変化の幅は、12.2節で見たように、個別の売り手ごとに考えた場合でも長期の方が大きくなるのでした。これに加えて長期には参入・退出による売り手の数の変化を通じた生産量の増減も生じるので、価格変化に対する生産量の反応は一層大きくなります。このことは、買い手側の需要の変化が市場価格に及ぼす影響が、長期においては低下していくことを意味します。図12-6には、長期均衡における売り手の集団を一定としたときの短期の市場供給曲線も、細い点線で描いてあります。他の条件に変化がないものとして、仮にこの商品の需要だけが太い点線で示したように増加したとすると、短期の市場均衡を成立させる価格は図の◇まで上昇しますが、長期においては売り手側が生産量を十分に増やすことでこれに対応できることから、市場価格はほとんど変化しないことがわかります。長期において市場価格を決めるのは、むしろこの緩やかな傾きを持った市場供給曲線自体の位置の高さだと言えるでしょう。それは売り手の長期における限界費用逓増の程度や損益分岐価格の高さなどに依存します。そして前者は売り手たちの長期的な事業組織の調整の努力に、後者は機会費用という形で売り手たちの他の事業に関する見通しに依存してくるのです。

　なお、長期の市場供給曲線の傾きが緩やかになるという、ここで指摘した傾向は、第8章で論じた売り手による価格の期待形成の問題に困難をもたらすものではありません。この章で考えている長期均衡の議論は、価格に関する期待を市場に関する知識からどのように形成するかという議論とは前提からして異なっています。本節で述べた長期市場供給曲線は（導出の手順としては生産量の値から出発していますが）、売り手たちがすでにある価格を長期均衡価格として予想している状況を出発点として、その予想のもとでの長期均衡と両立する供

図12-7

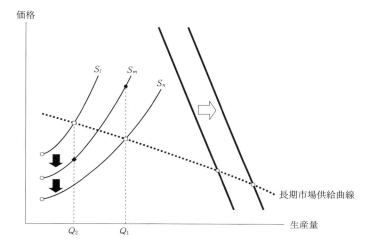

給量を導いたものなのです。価格の期待形成に用いられる短期の市場供給曲線と混同してはいけません。

最後に、長期の需要供給分析の重要な論点の一つを述べておきましょう。それは、売り手の数の増加が各々の売り手の費用条件の改善をもたらすという可能性です。典型的な事例として挙げられるのは、空間経済学などで論じられる**集積の経済**です。同じ商品を生産する業者が一つの地域に集中していることは現実にしばしば観察されます。これは、そうすることでお互いの生産にかかる費用を様々な形で低下させられるからだというのです。まず、同じ商品を生産する売り手がある地域に増えていけば、売り手やその労働者の間で交流が盛んになり、生産工程や事業経営、市場動向などに関する情報交換がすすみます。そのことで各々が持つ生産や販売のための知識が改善され、さらには新たな改良も生み出していくでしょう。また、専門器具や原材料、輸送サービスなどを提供する業者たちが当該地域に特化した流通網の整備を行うようになり、仕入れや搬送の手間が節約できるようになります。複数の売り手による大型設備の共同購入も行われるようになるかもしれません。さらに、関連する特殊技能を持った労働者も同じ地域に集まってくるので、優れた労働者を探す費用や自前

で育てる費用も節約できます。

　売り手の数の増加がこうした理由から個々の売り手の費用条件の改善をもたらす場合、図12-5で見た長期市場供給曲線の導出は**図12-7**のように変化します。売り手の数の増加が費用条件を改善する結果、各々の売り手の長期限界費用曲線が低下していくので、売り手の数を一定として描いた供給曲線も下方に移動していきます。そのため長期市場供給曲線は、図に描かれたように右下がりの形をとる可能性が大きくなります。このとき、太い実線で表わした市場需要曲線が示すように、他の事情一定としてこの商品への需要が増加すれば、長期均衡価格はむしろ低下していきます。長期の需要供給分析を用いたこのような議論は、需要の増加によって起こる生産者の地域集中と効率性の改善が価格を低下させ、それがさらなる需要増加を引き起こすことで生産者の一層の地域集中と効率化をもたらすという、ダイナミックな過程を考える際の出発点となるのです。

第13章

より進んだ考察へ

　市場における取引と価格の調整がどのようなものとして理解できるのか、需要供給分析を通じて考え、整理してきました。ここまで読んでから図2-1を見直したとき、その背後にある多様な意思決定と行動の複雑さを想像してもらえるようになっていたら、そして二つの曲線の移動によって生じる変化と調整を思い描いてもらえるようになっていたら、本書の意図の大半は実現したと言えるでしょう。他方でこれまでの説明からもおわかりのとおり、この理論から得られるのは市場経済の限られた側面に関する手掛かりに過ぎません。扱う対象と問題を限定し、様々に簡単化の仮定を設けて得られた一群の仮説であるわけです。そこで最後の章では、本書では扱わなかったミクロ経済学の重要な論題の幾つかを紹介することで、これまでの議論をより広い観点から見直すとともに、今後の学習の指針としてもらえればと思います。

13.1　所得効果

　所得効果は、実を言えばミクロ経済学の入門書を読めば必ず出てくる題材の一つです。以下で述べるように、需要供給分析にとっては「異物」とも言えるような問題を生じさせる効果であるため、本書ではあえてここまで言及せずに来ました。消費行動について考える上で不可欠の概念であるばかりでなく、需要供給分析の枠内に収まらない論題の古典的な事例でもあります。そこで他の話題とは別建ての扱いにして、どのような問題を発生させるのかに焦点を当てながら詳しく説明することにしましょう。

表13-1

ベルギーの労働者家計：標本数 153（1853年）	困窮家計（公的援助に頼って生計を立てている）	貧困家計	中流家計
平均所得（フラン）	565	797	1198
平均支出額（フラン）	649	845	1214
食費（％）	70.9	67.4	62.4
衣料費（％）	11.7	13.2	14.0
住宅費（％）	8.7	8.3	9.0
光熱費（％）	5.6	8.3	9.0
教育・宗教活動（％）	0.4	1.1	1.2
医療・娯楽等（％）	1.7	2.8	4.3

出所：G. J. Stigler "The Early History of Empirical Studies of Consumer Behavior"（*J.P.E.*62巻第2号）表3から一部転載。

　買い手の所得の大きさは、消費者の商品購入に影響を与える要因として、価格と同様に経済学者に重視されてきました。特に実証研究の分野では、貧しい人々の消費行動が豊かな人々とどのように異なるかという関心にもとづく研究が、19世紀の半ばには始まっています。家計調査によるこうした研究の創始者である、ドイツの社会統計学者エンゲルは、**表13-1**に示したような実証研究に基づき、家計の消費支出の中に占める食費の割合（**エンゲル係数**）は家計の所得水準の上昇につれて低下すると論じました。この結果はエンゲル以後の実証研究でも繰り返し確認されており、**エンゲル法則**と呼ばれています。ここで見たような家計間比較（クロスセクション）の結果としてばかりでなく、一国全体の傾向としても同様の法則が観察されています。エンゲル法則が示すのは、家計の所得の大きさが商品の購入割合を変える、つまり（価格を一定とすれば購入額の変化は購入量の変化なので）各商品への需要は所得の大きさに影響されるという事実です。所得の変化により発生するこうした需要の変化を、**所得効果**と言います。

　所得効果は需要供給分析に、特に余剰分析に関連する部分で、厄介な問題を引き起こします。まず注意してほしいのが、これが手持ちのお金が増えたときにだけ生じるというものではないことです。保有しているある商品の量が突然増えれば、自分で買わずに済みますし転売しても良いわけなので、実質的にはお金が増えたのと同じことです。このような場合も所得効果は発生するでしょ

う。さらに言えば、取引の機会自体が所得効果の原因になります。商品の購入は、消費者余剰で表されるような取引の利益を生み出します。価格が低下していけば購入量も増加し、消費者余剰の値も一層大きくなるのでした。こうして生まれる利益も買い手をより豊かにするものであり、所得効果の原因となるのです。

さて需要供給分析では、消費者の支払意志の金額を需要曲線の下側の面積から求められるという性質が、市場取引の変化だけでなくその社会的望ましさについても同一の図で分析できるという、特長をもたらしていました。ところが所得効果を考慮するとき、こうした議論は成り立たなくなってしまいます。取引から生まれる利益が無視できないほどの所得効果を生み出すならば、それが商品の評価自体を変えてしまうからです。以下ではこの点を確認していきましょう。

通常の商品への需要は、買い手が豊かになるほど大きくなることが知られています。第3章で述べた消費者行動のモデルに照らすと、これは所得効果によって商品の各数量における限界支払意志が増加することと解釈できます。この効果を示したのが、**図13-1**に示した一連の実線です。これらは取引からの利益の増加につれて所得効果により上方に移動していく、ある買い手の限界支払意志のグラフを描いたものです[1]。一番左側に描かれているのが、当初の貨幣保有額において、この商品の取引が全く行われなかった場合の限界支払意志のグラフです。

この買い手の需要は、次のような決まり方をすることになります。単価 P_1 で商品が買えるとき、取引からの利益のある値（例えば5万円）を前提にして描かれた限界支払意志曲線 $\widehat{V}$ に従って買い手が購入量を決めたとすると、この曲線において価格 P_1 と限界支払意志が一致する $\hat{x}$ が購入量になります。ところがこのときに実際に得られる取引からの利益とは、影をつけた部分として

---

1) 厳密に言うと、これらの限界支払意志のグラフは取引が行われ利益が得られることを前提に描かれるものですから、その下側の面積として得られる「支払意志」は、「これだけの数量の商品を取り上げられる代わりにお金を幾らもらわないと引き合わないか」という意味の金額と解釈されます。

図13-1

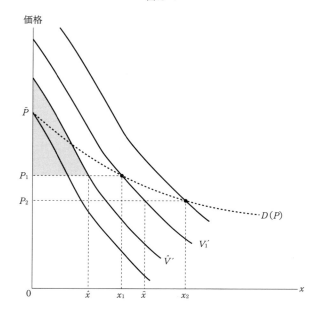

得られる消費者余剰の値です。これが $\widehat{V'}$ を描くときに前提した利益の値より大きかった（例えば7万円だった）とすると、追加的な所得効果の発生によって限界支払意志の曲線はさらに上方に移動し、価格 P_1 での購入量も増加してしまいます。こうして最終的な購入量は、取引の利益として前提した値が実際に得られる消費者余剰の値に一致しているような限界支払意志曲線での、価格 P_1 における購入量として決まることになります。この曲線が図の V_1' であるとすると、価格 P_1 に対する所得効果の影響を反映した購入量は x_1 になるわけです。

　価格がさらに P_2 に低下したとしましょう。V_1' に従って購入量を決めれば購入量は $\widehat{x}$ になりますが、このときに実現する消費者余剰は V_1' を描くときに前提した利益の値より大きくなっています。再び所得効果により限界支払意志曲線の上方移動が発生し、最終的に x_2 のような値が新たな購入量になるでしょう。こうして買い手の需要曲線は、価格低下につれて発生する消費者余剰増加が起こす限界支払意志曲線の上方移動の結果、図13-1に太い点線で描かれ

た曲線のように描けることがわかります。この曲線の下側の面積を求めても支払意志の金額にはなりません。例えば価格 P_1 での購入量 x_1 に関する支払意志の金額は、0 から x_1 までの区間における曲線 V_1' の下側の面積であって、需要曲線のそれではありません。このずれは、取引によって生じた消費者余剰に伴う、所得効果がもたらしたものです。

問題はこうした買い手の利益の計測における困難に留まりません。所得効果が大きく働く場合には、効率化原則による望ましさの判断すら怪しくなります。いま極めて所得効果が大きい（所持金増加によって利用から得られる満足が急増する）財、例えばある程度の備品と生活用具をそろえさえすれば極楽状態を享受できるような立地と品質を備えた住宅、を考えましょう。A さんがこの財と50万円のお金しか持たず B さんがこの財なしで1億円を持つという状態を状態 V、二人が入れ替わった状態を状態 W と呼ぶことにします。二人ともこの財とこの極少額の所持金の組み合わせはせいぜい6,000万円相当と評価していて1億円所持の方が望ましいと考えています。しかしこの財と1,000万円の組み合わせであれば、財からの満足が急増するために望ましさは変わらなくなるとも考えています。

すると次のような事態が起こります。状態 V から状態 W への変化が起こったとしましょう。この財の保有を前提としたときの B さんの損失は950万円です。他方で、もはやこの財を保有していない A さんにとっては、6,000万円所持に相当する状態から1億円所持の状態への変化が起きたことになり、利益は4,000万円となります。したがって効率化原則をそのまま適用するならば、この変化は望ましいものと判断されるでしょう。ところが、状態 W から状態 V への変化を考えた場合にも、A さんと B さんの名前を入れ替えるだけでまったく同じ議論が成立してしまいます。一体どちらの状態が望ましいのでしょうか。市場の変化による利益と損失を所得効果込みでどのように考えるかという追加的な議論抜きで、安易に効率化原則を適用することはできなくなるのです。

それでは需要供給分析は、こうした所得効果による問題をどのように考えているのでしょうか。まず、需要供給分析はある一つの商品の市場に注目して行われるものだったことを思い出してください。商品の分類の仕方によって何が

「一つの商品」の範疇に含まれるかは異なってきますが、かなり広く採っても「生鮮野菜」といった括りまでと考えてよいでしょう。しかし近年の家計調査などを見ると、家計支出全体の中で生鮮野菜への支出が占める割合は2％前後です。その価格が変化したところで、家計が取引から得ている利益全体に大きな影響があるとは考えられません。さらに細かくキャベツやダイコンといった商品で考えれば、こうした見方は一層妥当性を持つでしょう。また、仮に所得が急変したとしても、金銭感覚がそれに追いつくのには時間がかかります。市場価格と取引量の考察において間接的要因が影響を及ぼさないような期間を対象とする超短期ないし短期の需要供給分析では、その意味でも所得効果が大きな影響を及ぼすとは考えにくいのです。このように、商品の範囲を狭く採ってその取引の分析に集中する限り（一定期間内の分析に限定するならばなおさら）、所得効果の問題を考慮しなくても結論に大きな違いは生じないと想定して、需要供給分析は用いられているのです。

けれども商品の括りを粗くした議論になるほど、所得効果の影響は大きくなるでしょう。家計は労働時間を企業に提供して得た貨幣で様々な商品を購入するわけですが、そのような労働時間対消費といった大きな括りの議論になれば、所得効果は無視できません。また、家計が大きな支出を行っているような商品（教育や医療のサービスなど）や住宅・自家用車など他の消費との相乗効果が大きい商品の取引についても、所得効果を無視することはできないでしょう。所得効果を考慮に入れたうえでの人々の利益や損失の分析を行うには、本書よりも進んだ理論の学習が必要になります。

13.2　その他の論題

以下では、所得効果以外のいくつかのミクロ経済学の論題について短くまとめて述べていきます。あらかじめ言い訳しておくと、本書の内容からの発展としてどのような方向が考えられるかという観点で選んだものですから、ミクロ経済学が対象とする多様な問題の全体からすれば、ほんの一部の紹介でしかありません。

・リスクの問題

　売り手に関する短期の分析では、その決定は超短期の偶然的変動をならした正常需要を目標にして行われるとしていました。一般に、ある出来事の結果があらかじめ確率的にしかわからないことを**リスク**と言います。売り手は生産の決定を行うとき需要に関し超短期の要因によるリスクに直面している、というのが本書での基本的設定だったわけです。リスクを伴う需要の値は確率変数の分布として与えられることになりますが、正常需要とはその分布が対称に近い単峰形であることを前提にしての期待値を指していたと考えてもらえればよいでしょう。

　けれども実際には人々は確率分布の様々な特徴にもとづいてリスクの評価をしているわけで、期待値だけで意思決定をしているという捉え方は単純過ぎます。特に、実現する値のばらつきの程度が大きくなることを**リスクの増加**と言いますが、期待値が同じでもリスクが小さい方が好まれるのが普通です。超短期の変動の大きさが売り手の行動に及ぼす影響を考察するには、人々のリスクに対する態度を考慮に入れたモデル分析が必要になります。また、本書では超短期の偶然的変動として需要と物流におけるリスクの問題だけを考えていましたが、実際には一定の投入物から得られる生産量に関しても偶然的変動は生じます。生産者の行動に関する問題を詳しく考える際には、こうした生産におけるリスクも考慮に入れたモデルが必要になるでしょう。

・異時点間の取引

　第2章では需要供給分析が良くあてはまる市場の特徴の一つとして、「いったん出荷されると保存が難しい商品」を扱っていることを挙げていました。もしも保存がきく商品であれば、売り手は在庫として保有することで出荷の繰り延べが可能になります。今期の市場で予想される価格が低ければ、値上がりするまで待つという判断を行うかもしれません。逆に将来の価格低下が予想されれば、いまのうちに在庫を一掃しようと考えるかもしれません。この事情は買い手についても同様で、安いうちに買いだめをして高い間は買い控えるという方法が可能になります。こうして商品の生産や購入の動機に将来のための投資という配慮が混入してきます。売り手は時間を通じての生産と在庫の計画をど

のようなものにするか考えるようになりますし、買い手も同様に時間を通じた購入と消費の計画を考えるでしょう。

　こうした動学的な意思決定においては、現在の市場における需要と供給も将来におけるそれも、現在と将来の市場価格の双方を考慮しながら決められることになります。そうなるとこの二つの市場価格は、互いに互いを決める直接的な要因であると考えざるを得ないでしょう。「将来の市場はまだどこにもないぞ」と思うかもしれませんが、現在の市場で取引をしている人々の頭の中には既に存在していますし、現在の取引が将来の市場のそれを変えることも確かなのですから、二つの市場間の影響の存在を否定するわけにはいきません。また現実の経済では、商品によっては将来の取引を現時点で行う市場が存在しています。先物市場と呼ばれるもので、将来時点での売買の約束を行う市場です。同じ商品の市場であっても、こうした将来の取引の市場と現在の市場は異なるものであり、その間に直接的な関連が生じているというわけですから、特定の市場だけを他の市場と分離して考える需要供給分析の方法を適用することは難しくなります。複数の市場の取引量と価格の決定を、それらの間の相互作用を明示的に考慮しながら扱おうとする経済モデルを**一般均衡分析**と言いますが、こちらに任せるべき問題になるわけです。

　ほぼ完ぺきな保存が可能な商品に株式や債券などの金融証券があります。これらの商品は中身が同質的ですし、大量の取引を行う整備された中央市場において多数の（市場全体の規模から見れば）小規模な買い手と売り手による取引が行われています。このことから一見すると需要供給分析がうまく当てはまりそうですが、すでに述べたような理由でそうはいきません。金融市場の分析において優位性を持つのは、むしろ一般均衡分析なのです。

・情報の問題

　売り手の短期の意思決定に関して十分な議論を行わずに済ませてしまった話として、市場需要曲線と市場供給曲線の位置と形状に関する情報収集の問題があります。第8章で説明したような市場価格の期待形成は、実際にはこうした情報収集と同時進行するものになるわけです。このとき毎回の超短期の市場価格は、二本の曲線の正確な位置を推定するための追加的な情報として利用され

ていくことになります。市場が短期均衡状態に至るまでには売り手の情報獲得と学習の時間がかかるようになり、こうした調整期間の長さは利用可能な情報や市場に起こる変動の性質によって異なってくるでしょう。第10章で見た様々な効率性に関する条件は短期均衡においてはじめて成立するものですから、この期間は短いほど望ましいはずです。以上概略を述べてきたような、情報収集と学習を伴う期待形成の問題を扱うためには、かなり難儀な数学的手法が必要になります。

　市場における情報収集との関連では、**私的情報**の問題も明示的には取り上げませんでした。経済活動において人々が経験する変化や情報は一様ではなく、お互い他人が何を知っているかわからないという状況は珍しくありません。こうした状況が様々な経済問題を引き起こすことも知られています。そして市場価格の重要な役割の一つは、そのような私的情報を共有化することなのです。例えば劣化した原材料の混入といった限界費用を上昇させる変化が多数の売り手に起きたものの、他の売り手は気づいていないという状況を考えてみましょう。変化を経験した売り手が限界費用の上昇により生産量を減らす結果、市場価格は上昇します。多数の売り手における費用条件の悪化が価格情報を通じて周知されるわけです。このとき、変化を経験しなかった売り手が価格上昇に反応して生産を増やすことで、効率的生産が回復します。市場経済の重要な機能の一つは、分散している情報を人々の経済的誘因を通じて価格という公的情報にして利用することにあり、その点を十分に理解するためには私的情報の問題を考慮する必要があるのです。

・外部性

　現実の経済活動は、社会の中で行われる活動として様々な側面や意味を有しています。「石炭の生産」は別の角度から見れば「山に大きな穴を掘り進めている」ことですし、「イタリア料理の消費」が「好きな相手に誘われた食事」ということもあるでしょう。ある商品の売り手や買い手にとっては市場取引を通じた生産ないし消費活動であるものが、他の人々に対しては全く異なる姿になって大きな影響を及ぼすかもしれません。そのような事例としてしばしば指摘されてきたものには、経済活動から発生する水質汚染や大気汚染などの環境

問題があります。

　一般に人々の生産活動や消費活動が、市場取引とは異なる形で他人に影響を及ぼすとき、それらの活動に**外部性**が発生していると言います。さらに、それが他人に損害をもたらすものであれば**外部不経済**、利益をもたらすものであれば**外部経済**と呼んで区別します。市場取引に伴う物流活動に使用されている自動車の排気ガスが大気汚染の原因となっていれば、これは外部不経済の発生と言うことができます。これに対し外部経済の例としては、情報通信産業の発達に伴って注目されるようになった**ネットワーク外部性**があります。これは携帯電話のような通信機器を使う利益が利用者数の増加によって大きくなっていくという効果です。例えば、あなたがLINEを使うことの利益は、あなたの知り合いでLINEを使っている人の数が増えるほど大きくなっているでしょう。さらに、あなたへの連絡やあなたを介した連絡を容易にすることで、あなたの利用開始によって知り合いの人たち全員の利益が増えることも納得してもらえると思います。

　外部性が無視できない大きさで発生している商品の場合、他の点では需要供給分析の想定がうまく当てはまっていたとしても、短期均衡において成立する取引の結果が総余剰を最大にする理想的なものになっているという、第10章で述べた結果は成立しなくなります。そこで示されていたのは、取引の当事者たち自身の利益に基づいた行動が、価格を指標にしながら調整されることを通じて、社会全体の利益を増やしていくということでした。外部効果は当事者の行動が他人にもたらす損害や利益なので、本人には自覚されません（気にしないということもあるでしょう）。したがって価格を指標にした当事者間の調整は、外部効果の調整にはつながらないのです。そのうえ均衡価格は当事者たちの費用や支払意志で決まるものですから、外部効果が社会全体に及ぼす影響を反映することもありません。生産活動が巨額の環境被害を引き起こす商品であっても売り手たち自身の限界費用が低くて済むならば、市場供給曲線の位置は低くなり、安い均衡価格のもとで大量に生産され購入されるということになるでしょう。

　このように、通常の市場取引の仕組みだけでは外部性の問題にうまく対処できないわけですから、問題解決のために追加的な規制や制度が必要になりま

す。様々なタイプの外部性が社会にもたらす影響や是正のための制度設計などに関する議論は、ミクロ経済学の重要な研究課題の一つです。

・**寡占市場**

　本書では市場での商品の買い手と売り手の行動について、市場の取引の仕組みをきちんと理解し意識しながら行動しているのだという想定から説明する方針を採ってきました。そのように考えたとき、買い手には市場価格を引き下げようとする動機があり、売り手には引き上げようとする動機があるのでした。けれども需要供給分析が考えているような市場では、自分たちが市場全体から見て小規模かつ多数であることから、結果的にそうした価格操作を行おうとはしなくなるのでした。

　現実には売り手や買い手が大規模で少数であるような市場はいくらでも見つかります。特に売り手に関しては、加工食品やソフトドリンク、また家電製品や自動車など、身近な例に事欠きません。売り手ないし買い手の規模の大きさや数の少なさが目立つ市場は普通に存在しているのですから、この特徴が市場取引に及ぼす影響を扱う理論が求められるのは当然です。すでに第11章では、大規模な売り手が一つだけという単純独占市場の分析を示しておきました。このとき売り手の価格引き上げの動機が前面に現れ、生産量を抑えて市場価格を引き上げるという行動が選ばれるのでした。しかし売り手が少数しかいない市場と言ったときに、単一の売り手しかいない例はむしろ珍しいでしょう。売り手の数が少数ではあるが一つではないような市場を**寡占市場**と言います。求められるのは寡占市場の理論なのです。

　寡占と独占の大きな違いは、独占の売り手は市場価格を決めてしまうことができるのに対し、寡占の売り手の場合には自分の行動だけでは市場価格は決まらないという点です。図11-4の垂線が二人の売り手の生産量を合わせたものだったとすると、自分の生産量は同じでも他の売り手が選ぶ生産量が変われば市場価格は変化してしまうことがわかるでしょう。この変化は自分の生産者余剰を変えてしまいます。互いの行動が互いの得る結果に影響を及ぼすという相互依存関係が、寡占の売り手の間には生まれるのです。これを**寡占的相互依存**と言います。このため寡占市場での売り手は、自分の行動を決める際に他の売

り手の行動を予想しなければなりません。互いに互いの行動を予想し合う意思決定に各自が直面するわけです。

　お気づきの通り、これとよく似た問題は第8章における短期均衡の決定の議論ですでに論じられていました。集計された生産量と個別の売り手の生産量という違いはありますが、互いの読み合いの発生という点では同じです。しかし寡占市場の場合には、相手は自分の行動自体の予想を行っていますから、互いに自分の行動に関する相手の予想を変化させようとする複雑な駆け引きが生まれることになります。寡占市場の分析は、第8章で見たような期待形成の問題をより一般的な形で考えるものになるわけです。需要供給分析が考察している市場は、売り手の数や規模について特殊な条件が成り立っている寡占市場と見ることもできますから、これは不思議な話ではありません。

　こうした寡占市場の分析において用いられるのが**ゲーム理論**です。これは、互いの行動に相互依存関係が生じているような状況（戦略的状況）にある者たちの意思決定を、一般的かつ厳密な形式で考えようとする理論です。寡占市場の分析は、ゲーム理論の経済学への応用だと見ることが可能です。寡占の理論自体はゲーム理論より古い歴史を持っているのですが、多くの経済学者によって用いられるようになったのは、ゲーム理論によって厳密な分析手法を与えられ、様々に異なる特徴を持つ市場の分析に広く適用できるようになってからでした。現代のミクロ経済学自体も、ゲーム理論の導入によって研究対象の範囲を大きく広げています。これからミクロ経済学を専門的に学びたいという人にとっては、ゲーム理論は必須の基礎知識と言えるでしょう。また経済学に限らず、社会科学の諸分野に関しての理解を深めたいという人には、ぜひゲーム理論を学んでおいてもらいたいと思います。

付　録

本文中で言及した数学の定理について、簡単に説明しておきましょう。本書で扱った問題に合わせて、本来の内容より単純化した形のものだけを示します。まず、再三使用した微分積分学の第1基本定理です。

微分積分学の第1基本定理

0以上の区間を定義域とする（またはこれを含む区間を定義域とする）連続で微分可能な関数 $F(x): [0, \infty) \to \mathcal{R}$ を考える。その微分係数 $F'(x)$ も同じ0以上の値を定義域とする関数になるが、これが連続関数ないし単調な関数であるとする。このとき、$0 \leq a < b$ であるような数 a, b について

$$\int_a^b F'(x)dx = F(b) - F(a)$$

が成り立つ。

ここで**連続関数**とは、グラフが切れ目のない曲線で描かれるような関数です。中学・高校で学んだ、一次、二次、三次関数や指数関数、対数関数などの関数は連続関数です。**単調な関数**とは、関数の値が常に一定であるような**定数関数**（これは連続関数でもあります）、関数の値が一定ないし増加する**増加関数**および関数の値が一定ないし減少する**減少関数**の三種類の関数を指します。連続ではない増加関数の代表例が、図S-1のような**階段関数**です。

連続関数や単調関数は積分することができます。つまり微分 $F'(x)$ について、$0 \leq a < b$ であるような区間 $[a, b]$ でそのグラフと x 軸に挟まれた領域の面積を求めることができます。積分 $\int_a^b F'(x)dx$ が表すのは、この値です。第1基本定理が述べているのは、この値がもとの関数の b での値と a での値の差になるということです。例えば $F(x) = \frac{1}{2}x^2$ としましょう。すると $F'(x) = x$ になり、これは連続関数です。区間 $[a, b]$ におけるその積分は、図S-2で影

図 S-1

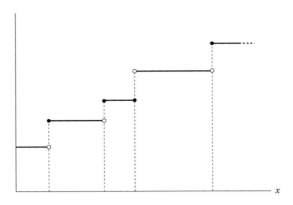

図 S-2

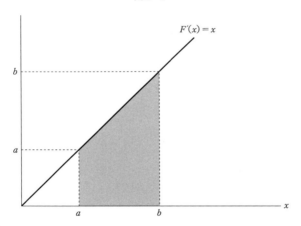

をつけた台形の面積になります。その値は台形の面積の公式を使って

$$\int_a^b x\,dx = (a+b)\times(b-a)\times\frac{1}{2} = \frac{b^2}{2} - \frac{a^2}{2}$$

と計算でき、微分積分学の第1基本定理が成り立っていることが確認されます。

応用として、11.4節で述べた独占の売り手の収入と限界収入曲線の間の関係を採り上げてみましょう。独占の売り手の収入はその生産量 q を変数とした関数 $P_d(q)\cdot q$ として表せ、その微分である限界収入は $MR(q) = P_d(q) + P_d'(q)\cdot q$ になるのでした。このグラフが右下がりになる、つまり減少関数であるという場合には微分積分学の第1基本定理が使えますので、

$$\int_0^{q_0} MR(q)dq = P_d(q_0)\cdot q_0 - P_d(0)\cdot 0 = P_d(q_0)\cdot q_0$$

が成り立ちます。生産量 q_0 において独占的な売り手が得る収入の値は、0から q_0 までの区間における限界収入曲線の下側の面積で表わせるわけです。

次にロピタルの定理について説明します。

ロピタルの定理

二つの微分可能な関数 $f(x): [0, \infty) \to \mathcal{R}$ と $g(x): [0, \infty) \to \mathcal{R}$ について、$f(0) = g(0) = 0$ であり、しかも $x > 0$ のときは常に $g(x) \neq 0$ であるとする。このとき $g'(0) \neq 0$ が成り立っているなら、$\dfrac{f(x)}{g(x)}$ の値は変数 x が 0 に近づくにつれて $\dfrac{f'(0)}{g'(0)}$ に近づいていく。

可変費用 $VC(q)$ を $f(q)$ とし $g(q) = q$ とおけば、いつでも $g'(q) = 1$ であることから、変数が x から q に変わっただけで、平均可変費用 $\dfrac{VC(q)}{q}$ についてロピタルの定理のための条件が成り立っていることがわかります。こうしてその値は、変数 q が 0 に近づくにつれて $\dfrac{f'(0)}{g'(0)} = \dfrac{MC(0)}{1}$ に近づいていくと言えます。

具体的に、$C(q) = \dfrac{q^3}{3} + 3q + 2$ という場合を考えてみましょう。固定費用が 2 で可変費用は $VC(q) = \dfrac{q^3}{3} + 3q$、限界費用は $MC(q) = q^2 + 3$ となります。平均可変費用は $\dfrac{VC(q)}{q} = \dfrac{q^2}{3} + 3$ ですから、その値は確かに生産量 q がゼロに近づくにつれて $MC(0) = 3$ に近づいていきます。

参考文献

本書の性格から、参考にした文献のうち書籍のみを挙げておきます。特に外国語文献については、不可欠であったもののみのリストです。

［日本語文献］
アロー, K. J. (2017)（村上泰亮訳）『組織の限界』筑摩書房
池本正純 (2004)『企業家とはなにか』八千代出版
ウェーバー, M. (1998)（富永祐治・立野保男訳、折原浩補訳）『社会科学と社会政策にかかわる認識の「客観性」』岩波書店
荏開津典生 (2000)『明快ミクロ経済学』日本評論社
荏開津典生・鈴木宣弘 (2015)『農業経済学 第4版』岩波書店
岡田章 (2011)『新版 ゲーム理論』有斐閣
奥野正寛（編者）(2008)『ミクロ経済学』東京大学出版会
奥野正寛・鈴村興太郎 (1985, 1988)『ミクロ経済学Ⅰ、Ⅱ』岩波書店
蔭山泰之 (2000)『批判的合理主義の思想』未来社
梶井厚志・松井彰彦 (2000)『ミクロ経済学 戦略的アプローチ』日本評論社
カーネマン, D. (2012)（村井章子訳）『ファスト＆スロー 上・下』早川書房
神取道宏 (2014)『ミクロ経済学の力』日本評論社
菊地哲夫 (2013)『食品の流通経済学』農林統計出版
倉澤資成 (1988)『入門価格理論 第2版』日本評論社
コイン, J. A. (2010)（塩原通緒訳）『進化のなぜを解明する』日経BP社
小河原誠 (2010)『反証主義』東北大学出版会
小林康平（編）(1995)『変貌する農産物流通システム』農山漁村文化協会
鈴村興太郎・後藤玲子 (2001)『アマルティア・セン―経済学と倫理学―』実教出版
西岡幹雄 (1997)『マーシャル研究』晃洋書房
根岸隆 (1980)『ケインズ経済学のミクロ理論』日本経済新聞社
根岸隆 (1989)『ミクロ経済学講義』東京大学出版会

根岸隆（1997）『経済学の歴史　第2版』東洋経済新報社

ハイエク, F.（1990）（嘉治元郎・嘉治佐代訳）『個人主義と経済秩序』春秋社

ハイエク, F.（2016）（村井章子訳）『隷従への道』日経BP社

長谷川寿一・長谷川真理子（2000）『進化と人間行動』東京大学出版会

八田達夫（2008, 2009）『ミクロ経済学Ⅰ、Ⅱ』東洋経済新報社

林敏彦（1989）『需要と供給の世界　改訂版』日本評論社

福岡正夫（1999）『歴史のなかの経済学』創文社

藤島廣二・他（2012）『新版　食料・農産物流通論』筑波書房

ベスター, T.（2007）（和波雅子・福岡伸一訳）『築地』木楽舎

ポパー, K. R.（1980）（内田詔夫・小河原誠訳）『開かれた社会とその敵　Ⅰ、Ⅱ』未来社

ポパー, K. R.（2002）（小河原誠・蔭山泰之・篠﨑研二訳）『実在論と科学の目的　上・下』岩波書店

マーシャル, A.（1965～1967）（馬場啓之助訳）『経済学原理Ⅰ～Ⅳ』東洋経済新報社

丸山雅祥・成生達彦（1997）『現代のミクロ経済学』創文社

馬渡尚憲（1990）『経済学のメソドロジー』日本評論社

三土修平（1993）『経済学史』新世社

ミル, J. S.（2011）（山岡洋一訳）『自由論』日経BP社

柳川隆・町野和夫・吉野一郎（2015）『新版　ミクロ経済学・入門』有斐閣

[外国語文献]

Boland, L. A.（2003）*The Foundations of Economic Method.* 2nd ed. Routledge, New York.

Corchón, L. C.（2001）*Theories of Imperfectly Competitive Markets.* Springer, Berlin.

Friedman, M.（1953）*Essays in Positive Economics.* University of Chicago Press, Chicago.

Guesnerie, R.（2005）*Assessing Rational Expectations* 2. The MIT Press, Cambridge.

Hicks, J. R.（1946）*Value and Capital.* 2nd ed. Oxford University Press, London.

Hirshleifer, J., A. Glazer and D. Hirshleifer. (2005) *Price Theory and Applications: Decisions, Markets, and Information.* 7th ed. Cambridge University Press, New York.

Jehle, G. A. and P. J. Reny. (2011) *Advanced Microeconomic Theory.* 3rd ed. Prentice-Hall.

Just, R. E., D. L. Hueth and A. Schmitz. (1982) *Applied Welfare Economics and Public Policy.* Prentice-Hall, Englewood Cliffs.

Krishna, V. (2009) *Auction Theory.* 2nd ed. Academic Press, San Diego.

Negishi, T. (1989) *History of Economic Theory.* Elsevier, Amsterdam.

Newbery, D. M. G. and J. E. Stiglitz. (1981) *The Theory of Commodity Price Stabilization.* Oxford University Press, Oxford.

Rubinstein, A. (2006) *Lecture Notes in Microeconomic Theory.* Princeton University Press, Princeton.

Sen, A. (1982) *Choice, Welfare and Measurement.* Basil Blackwell, Oxford.

Silberberg, E. and W. Suen. (2001) *The Structure of Economics.* 3rd ed. McGraw-Hill, New York.

Stigler, G. J. (1987) *The Theory of Price.* 4th ed. Macmillan, New York.

Varian, H. (1984) *Microeconomic Analysis.* 2nd ed. W. W. Norton, New York.

Vives, X. (2008) *Information and Learning in Markets.* Princeton University Press, Princeton.

索引

あ 行

異時点間の取引……149
委託販売……16
一時的均衡……43
　　──価格……35
一般均衡分析……150
イデオロギー……91
エンゲル係数……144
エンゲル法則……144

か 行

外部経済……152
外部性……151-152
外部不経済……152
価格規制……113
価格支配力……121
価格操作……36, 67
家計……3
寡占市場……153
寡占的相互依存……153
価値判断……87, 89
仮定……10
貨幣……3
可変費用……52, 54
　平均──……55
機会費用……51
企業……3
期待形成……77
　合理的──……78
規範的分析……87, 90
供給曲線……65, 67
　市場──……13, 34, 65, 73
　短期の市場──……74
　長期市場──……139
供給量……32
金融資産……3
計画経済……5
ゲーム理論……154

限界……27
限界支払意志……22
　　──逓減……22
限界収入……121
　　──曲線……123
限界費用……54-55, 58
　　──逓減……132
　　──逓増……56
限界費用曲線……57
　短期──……131
　長期──……131
減少関数……155
効率化原則……94
効率的生産……104
効率的取引規模……108
効率的配分……36, 101
固定費用……52-53
　平均──……55

さ 行

財・サービス……3
参入……134
死荷重……116
事実判断……87
市場……3
　　──価格……35
　　──経済……1, 4, 6
　　──取引……3
　　──の一時的均衡……32, 34
　　──の短期均衡……76
　　──の短期均衡と効率性……110
市場需要関数……45
　逆──……121
私的情報……151
支払意志……20-21
集積の経済……141
従量税……116
受託拒否禁止……16
需要……15
　　──供給分析……1, 13-15
　　正常──……48
　　──法則……20
　　──量……33
需要曲線……30

市場——……13, 34
　　正常な市場——……48
小規模な多数の売り手……70
小規模な多数の買い手……39
消費者……3
　　——モデル……20, 23, 26
　　——余剰……23
商物一致……17
初期条件……6
所得効果……144
数理モデル……11
生産者……3
　　——余剰……61-62
生産物……3
生産要素サービス……4
正常な需要価格……50
税の転嫁……119
説明……6
競り売り……17
増加関数……155
総余剰……99-100
　　——最大化……99
損益分岐価格……136

た 行

退出……134
短期……63-64
短期均衡……75, 80, 99
　　——価格……76
　　——成立……82
　　——点……75-76
単純独占市場……120
単調な関数……155
長期……63-64, 127
　　——均衡……128, 137
調整……127, 129
超短期……32, 34
　　——の均衡分析……43
　　——の市場取引……32
貯蓄……3
追加的購入……25
定数関数……155
テスト……6
投入……4, 52

土地……4

な 行

ネットワーク外部性……152

は 行

パレート基準……92
反証……7
　　——可能……9
比較静学……43, 112
　　超短期の——……46
微分係数……27
微分積分学の第1基本定理……28, 155
費用曲線
　　短期——……129
　　短期平均——……131
　　長期——……130
　　長期限界——……131
　　長期平均——……131
部分均衡分析……15
平均費用……54, 58
　　——曲線……57
平均変化率……26
包絡線……130

ま 行

マージン……17
マクロ経済学……5
ミクロ経済学……5, 13
メカニズム・デザイン……41
モデル分析……11-12

や 行

有形固定資産……52
余剰分析……112
予測……6

ら 行

離散的……26
利潤最大化……65

リスク……149
　　──の増加……149
流通業者……3
理論……6, 9

連続関数……155
連続的……26
労働……3
ロピタルの定理……157

●著者紹介

上田　薫（うえだ・かおる）
1958年生まれ。1982年東京大学経済学部卒業。ボストン大学大学院（Ph.D.）。南山大学経済学部教授。
主要論文："On the Incentives to Cultivate Favored Minorities: A Note" *Games and Economic Behavior,* Vol.25, 1998. pp.132-143.
"Oligopolization in Collective Rent-seeking" *Social Choice and Welfare,* Vol. 19, 2002. pp.613-626.
"Collective Contests for Commons and Club Goods"（with S. Nitzan）*Journal of Public Economics,* Vol. 93, 2009. pp.48-55. ほか。

NBS Nippyo Basic Series　日本評論社ベーシック・シリーズ＝NBS

ミクロ経済学
需要供給分析からの入門

2018年3月30日　第1版第1刷発行

著　者―――上田　薫
発行者―――串崎　浩
発行所―――株式会社　日本評論社
　　　　　　〒170-8474　東京都豊島区南大塚3-12-4
電　話―――03-3987-8621（販売）、8595（編集）
振　替―――00100-3-16
印　刷―――精文堂印刷株式会社
製　本―――株式会社難波製本
装　幀―――図工ファイブ

検印省略　©Kaoru Ueda, 2018　　　　　　　　ISBN 978-4-535-80611-5

JCOPY 〈(社)出版者著作権管理機構　委託出版物〉本書の無断複写は著作権法上での例外を除き禁じられています。複写される場合は、そのつど事前に、(社)出版者著作権管理機構（電話 03-3513-6969、FAX 03-3513-6979、e-mail: info@jcopy.or.jp）の許諾を得てください。また、本書を代行業者等の第三者に依頼してスキャニング等の行為によりデジタル化することは、個人の家庭内の利用であっても、一切認められておりません。

経済学の学習に最適な充実のラインナップ

入門｜経済学 [第4版]	伊藤元重／著	(3色刷) 3000円
例題で学ぶ 初歩からの経済学	白砂堤津耶・森脇祥太／著	2800円
マクロ経済学 [第2版]	伊藤元重／著	(3色刷) 2800円
マクロ経済学パーフェクトマスター [第2版]	伊藤元重・下井直毅／著	(2色刷) 1900円
入門｜マクロ経済学 [第5版]	中谷巌／著	(4色刷) 2800円
スタディガイド 入門マクロ経済学 [第5版]	大竹文雄／著	(2色刷) 1900円
マクロ経済学入門 [第3版]	二神孝一／著 [新エコノミクス・シリーズ]	(2色刷) 2200円
ミクロ経済学 [第3版]	伊藤元重／著	(4色刷) 3000円
ミクロ経済学パーフェクトマスター	伊藤元重・下井直毅／著	(2色刷) 1900円
ミクロ経済学の力	神取道宏／著	(2色刷) 3200円
ミクロ経済学の技	神取道宏／著	(2色刷) ◆2018年4月刊行予定
ミクロ経済学入門	清野一治／著 [新エコノミクス・シリーズ]	(2色刷) 2200円
ミクロ経済学 戦略的アプローチ	梶井厚志・松井彰彦／著	2300円
しっかり基礎からミクロ経済学 LQアプローチ	梶谷真也・鈴木史馬／著	2500円
金融論 [第2版]	村瀬英彰／著 [新エコノミクス・シリーズ]	(2色刷) 2200円
例題で学ぶ 初歩からの計量経済学 [第2版]	白砂堤津耶／著	2800円
[改訂版] 経済学で出る数学	尾山大輔・安田洋祐／編著	2100円
経済学で出る数学 ワークブックでじっくり攻める	白石俊輔／著　尾山大輔・安田洋祐／監修	1500円
例題で学ぶ初歩からの統計学 [第2版]	白砂堤津耶／著	2500円
入門 公共経済学	土居丈朗／著	2800円
入門 財政学	土居丈朗／著	2800円
実証分析入門	森田果／著	3000円
最新 日本経済入門 [第5版]	小峰隆夫・村田啓子／著	2500円
経済論文の作法 [第3版]	小浜裕久・木村福成／著	1800円
経済学入門	奥野正寛／著 [日評ベーシック・シリーズ]	2000円
財政学	小西砂千夫／著 [日評ベーシック・シリーズ]	2000円
総力ガイド！これからの経済学	経済セミナー編集部／編 [経済セミナー増刊]	1600円
進化する経済学の実証分析	経済セミナー編集部／編 [経済セミナー増刊]	1600円

〒170-8474 東京都豊島区南大塚3-12-4　TEL：03-3987-8621　FAX：03-3987-8590　日本評論社
ご注文は日本評論社サービスセンターへ　TEL：049-274-1780　FAX：049-274-1788　https://www.nippyo.co.jp/